KB272211

날로 노는 홍대

날로 노는 홍대

날로 노는 홍대

대도시 인류학

홍대 알바가
살던 내는

민음사

차례

대화 둘—누구니

2025년 12월 어떤 날 어떤 땅

홍대 미대에서 작업만 한 아내

홍대에서 날로 놀다 늙은 남편

아내　　누구에 대해 쓴다고요?

남편　　'홍대 알바'라고 한참 전부터 만들어
둔 말 있잖아요. 이제 정말 안녕 할 때가 온 것
같아요. 마침표든 쉼표든 콜론이든 세미콜론
이든 구두점 하나 딱 찍고 우리는 또 다른 다

음 삶으로 넘어가야죠.

아내　안녕이라니. 쉽지 않겠어요. 나도 홍대 졸업했지만 지금도 홍대를 잘 모르겠거든요. 홍대에서 알바를 한다? 그런 사람들이 있다. 그걸 한번 정리할 필요가 있다는 거죠?

남편　그렇죠. 지금도 홍대에 가면 셀 수 없을 정도로 너무 많은 젊은 친구들이 알바를 하면서 하루하루 살고 있으니까. 이게 보통 일은 아니에요. 그 친구들한테 알바는 시급 얼마가 전부도 아니고 또 그거를 어떻게 아껴서 적금 붓고 이자 챙기는 그런 계산법으로 단순하게 고르는 일이 아니란 말이죠. 나도 그랬던 것 같고.

아내　왜 그러는 걸까요? 홍대에서 알바를 하는 게 뭐 특별한가? 그냥 알바랑 뭐가 다른가요?

남편　　그것도 하나의 작업이지 않을까요? 내가 부리고 싶은 멋을 찾고 나랑 어울리는 멋있는 동네를 찾고 그 동네에 붙어살면서 멋있게 동네랑 하나가 되는 작업?

아내　　작업? 알바가요? 시급 확실하게 받고 카페나 술집에서 잠깐 일하는 걸 작업이라고 할 수가 있나요? 작업은 불확실한 거 투성인데.

남편　　불확실?

아내　　대가가 있는 것도 아니고 언제 끝날지도 알 수 없고 결과물이 잘 나오리라는 보장도 없고 잘 나와도 그걸 알아주는 사람이 없을 수도 있고. 작업은 누가 시켜서 하는 게 아니잖아요. 결국 혼자 하는 거고. 그러니 불확실한 걸 말하자면 끝도 없죠.

남편　좀 억지스러울 수 있긴 한데 홍대 알바도 카페나 술집에서 알바를 하면서 멋을 엄청 부리니까. 멋이라는 게 불확실하잖아요. 기준이 있는 것도 아니고 그것도 제멋에 제멋대로 취하자면 끝이 없으니까.

아내　멋 부리는 게 일이라는 거죠? 알바가 목적이 아니고.

남편　맞아요. 그래서 홍대 알바가 이상하게 입고 다니는 옷은 생계를 위한 뭐 블루든 화이트든 핑크든 그런 칼라 유니폼이 아니라 이 홍대라는 동네라는 무대에 주인공으로 서기 위한 칼라 입장권 같은 거라고 생각해요. 그러니까 제멋에 취하고 제멋대로 느슨하게 설렁설렁 돈 벌 수 있는 알바를 찾는 태도가 기본이란 말이에요.

아내　그래서 난 여전히 이 사람들이 뭐 하

는 사람들인지 잘 모르겠어요. 학교 다닐 때나 지금이나 마찬가지로. 나랑 홍대에 온 이유가 많이 다르달까.

남편　　　그쪽도 이쪽처럼 열심히 작업만 하는 미대생이 이 동네 어딘가 구석에 있는 줄 잘 모를 거예요. 홍대를 찾아온 목적이 서로 다르잖아요. 이 사람 바글바글한 홍대 골목골목에서도 또 구석구석 샅샅이 뒤져서 자기 취향에 맞는 가게에서 알바를 하려는 건 나 스스로가 일하는 순간에도 무척이나 중요하기 때문이겠죠. 어차피 하루하루 살려면 일을 하긴 해야 하니까. 그래도 내가 좋아하는 음악이 흐르거나 미술 냄새도 좀 나는 그런 곳에서 나랑 취향 맞는 사람들끼리 모여 놀면서 일하면서 그 풍경을 같이 만들어 내고 싶은 거죠. 어차피 서로 보고 보이는 이 동네 이 길거리가 큰 무대니까. 누구나 주인공일 수 있고.

아내　　　그러니까 알바가 노동이 아니라 작업이다.

남편　　　알바가 단순 노동이긴 하지만 그게 결코 단순한 노동이기만 한 게 아니라는 거죠. 시스템이 달아 놓은 주민 번호 이런 거 말고 이름부터 자기 맘대로 머리 굴려서 짓고 이 동네만의 분위기를 온몸에 두르면서 멋을 알아가는 거. 그걸 인류 보편적으로 젊은 사람들이 굉장히 욕망하는 것 같아요. 내 지난날을 반성하면서 이런저런 공부를 두루두루 하고 보니까 모든 대도시에는 예나 지금이나 그런 구역이 반드시 있더라구요. 일 안 하고 놀기만 하는 것 같은데 오히려 유행 달리기에서는 제일 앞서 나가는 그런 동네. 설명하기 어려운 자유로운 무언가가 꼭 그런 곳에만 있죠. 그런데 또 치열하고. 그래서 또 뜨겁고. 그냥 그렇게 몇 년 살아 보면 느낄 수 있어요.

아내　그런가? 나도 그 동네 오래 살았지만 나랑은 다른 동네 이야기 같아요. 그냥 단순한 알바거리를 찾는데도 홍대 알바한테는 음악이나 미술이 중요하다는 거잖아요? 그렇다고 스스로 예술가라고까지 생각할까요?

남편　예술가. 그게 참 그래요. 홍대에서 알바를 한다는 건 사실 예술가에 대한 지향이든 동경이든 있으니까 굳이 여기까지 와서 작업이라는 걸 하는 거라고 봐야죠. 먹고는 살아야 하고 예술가라는 게 정의도 모호하고 아무리 잘해도 밥벌이 안 되는 거 몇 년 해 보면 알고 싶지 않아도 알게 되죠. 그런데도 다들 어디 작업실이나 연습실 하나씩은 다 있단 말이에요. 그런 건 어떻게 유지하는 건지 참 신기해.

아내　작업을 안 하는 건 아니라는 거네요.

남편　그렇다고 무슨 고행하는 수도승처럼

비장한 건 또 아니거든요. 그냥 여기서 밴드를 하거나 그림을 그리거나 알바를 하면서 버티면 스스로 예술가라고 우기려면 우길 수 있잖아요. 그런데 직장인으로 반듯하게 취업을 딱 하면 그게 바로 끝나거든. 작업할 시간이 확실하게 없으니까. 분명히 시작은 나름 내가 이 커다란 서울 땅에 예술가로 한번 서 보겠다 뭐 거창하지 않더라도 비장은 했겠지만 세상에 공짜가 어디 있겠어요. 현실은 손님들 취향 맞추거나 허드렛일에 기 빨리다가 하루가 다 가 버리죠.

아내　　그렇게 하루가 다 가 버리면 결국 남는 게 뭘까요? 힘은 힘대로 들고.

남편　　힘이 들긴 하겠지만 하기 싫은 일 억지로 하는 월급쟁이가 오히려 힘들지 않을까요. 홍대 알바는 아니거든요. 어차피 취향 찾아왔으니까 끼리끼리 모일 친구는 있을 테고 지금 아니더라도 나중에 잘 해 보자며 풍선도 빵빵 불어 보고 그러는 시간이 이 팍팍한 도시에서 오히려 숨통을 트이는 구멍 역할을 하죠. 하는 일이 노는 일이니까 뭐 그럭저럭 남는 장사라고 할 수 있지 않을까요. 잘하려고 애쓰다 지치면 그냥 자라지 않기로 마음먹고 이 술 냄새 풀풀 나는 동네에서 고목나무처럼 가만히 서서 오늘 하루 날로 보냈다는 사실에 안도하고 사는 사람이 대부분일 거예요.

아내　　잘하거나 자라지 않기로 마음먹고 하루를 날로 보낸다. 그것도 배짱이 있어야 할 수 있겠어요.

남편　　다 배짱이죠. 불확실한 세상을 날로 노는 배짱. 띵까띵까 노는 거 좋아하는 배짱 두둑한 베짱이. 그런데 예술가는 놀기만 할 수 없죠. 개미처럼 부지런해야죠. 힘들어. 정체성을 예술가로 고정하고 싶어도 현실적으로 불가능해. 그러니까 낮에는 무슨 알바하느라 바빴다가 밤에는 예술가 흉내 내느라 우울했다가 새벽에는 늘 그렇듯 자신 있는 주정뱅이로 펄펄 살아나면서 이 사람 저 사람으로 내가 계속 나뉘는 거예요. 그 조각난 나들을 다 나라고 쿨하게 인정하면 세상 편할 수 있어요. 예술가로 잘하려고 고생스럽게 연습해서 성공할 거라는 실체 없는 이미지에 홀리는 대신 이 동네에 그럭저럭 걸쳐만 있으면 큰 틀에서 예술이랑 끊어지지 않고 예술가처럼 자라고 살 수 있다는 것. 그걸 인류 보편적으로 정말 많은 젊은이들이 원하는 거 같아요.

아내　　듣고 보니 예전에도 그랬던 것 같긴 해요. 예술이랑 젊음이 빠지면 홍대가 홍대가 아니죠. 홍대 말고도 젊은 사람 많은 데야 여기저기 돌고 도니까.

남편　　거기에 술도 빠지면 안 되는 거 아닌

가.

아내　　　술은 그냥 아무 데나 있잖아요. 예술가가 술 잘 마셔서 되는 것도 아니고.

홍대 알바

서울에 멋으로 이름난 동네가 하나 있다. 홍대. 이곳에 제 발로 찾아와 알바로 제멋을 뽐내는 젊은이들이 있다. 홍대 알바. 동네에 있는 말은 아니다. 멋에 환장한 젊은이들의 독특한 삶을 지난날 나에 비추어 이해하기 위해 스스로 만든 한글 껍데기다. '홍대'는 사립 종합대학교임에도 불구하고 나라를 대표하는 미술대학교로 더 이름난 홍익대학교 다섯 글자가 두 글자로 동강 나 떠다니는 껍데기다. '알바'는 노동으로 번역되는 독일어 아르바이트[1] 다섯 글자가 두 글자로 동강 나 떠다니는 껍데기다. 홍대 알

바. 글자 수 같은 껍데기와 껍데기가 글자 수를 곱해 들러붙었다. 예술가처럼 자유로운 이미지가 풍기는 멋을 좇아 홍대에서 알바로 짧게 일하는 젊은이들은 사실상 없는 홍대를 사실이 없지 않은 홍대로 살려 낸다.

사람이 너무 많은 대도시는 사람과 사람이 서로 잘 알 수 없어 오히려 자유롭다. 그래서인지 특정 공간에서 일정 시간 동안 가볍게 약속한 알바를 시원하게 끝내고 나면 누구나 이 넓은 도시를 스스로 누빌 수 있는 권리를 손에 쥘 수도 있다.[2] 신난다. 곧게 뻗은 큰길 사이 이리저리 구부러진 골목길을 다채롭게 채우는 작은 가게들은 이제부터 꽃다운 청춘의 유흥 전략을 자극하는 게릴라 놀이터와 다름없다. 재미난다. 이름만 커다란 홍익대학교에서 꽤 멀리 떨

1   Hannah Arendt, *The Human Condition*(The University of Chicago Press, 1958).

2   Henri Lefebvre, *The Urban Revolution*, translated by Robert Bononno(The University of Minnesota Press, 2003), pp. 149-150.

어진 지하철 2호선 홍대입구역을 기준으로 서교동에서 합정동으로 한 줄기 혹은 동교동에서 연남동으로 한 줄기 따라 이리저리 걷다 배가 고파 밥이나 빵으로 배를 채우고 한숨 돌리려 커피나 술을 살짝 곁들인 다음 예쁜 옷이 걸린 가게를 기웃거리다 보면 어느새 한 손에는 다른 데서 못 구하는 낡은 음반 한 장이 들려 있기 마련이다.

얼씨구 절씨구 차차차. 지화자 좋구나 차차차. 예부터 우리나라에서는 노세 노세 젊어서 놀아 늙어지며는 못노나니 노랫가락에 유구한 전통을 맞추어 차차차 생경한 외래 춤을 추지 않았는가. 손님으로 소비하는 즐거운 놀이는 알바로 생산하는 지루한 일과 본성상 구별된다. 하지만 두 영역을 확실하게 가를 수 있는 정도의 선이 어디인지 누구도 딱 잘라 말할 수 없다. 왜냐하면 홍대 알바는 홍대가 일터이자 놀이터 혹은 놀기 위해 일하는 동네라고 아무 말 없이 몸소 말하기 때문이다.

일이든 놀이든 삶이 가려워 긁는 물음은 그 바탕에 놓인 사람을 더 큰 물음으로 꼭 끌어안는다. 홍대 알바? 그들은 누구인가? 그것은 무엇인가? 그것은 무슨 까닭으로 거기에 그렇게 있는 것일까? 어쩌다 발 들인 그 동네에 꽤 오래 고인 내 경험을 살살 풀어 대전제를 하나 세워 보자. 홍대에는 사실상 없는 홍대 안에서 자유를 느끼는 동시에 실제로 있는 홍대와 스스로 관계를 맺으며 나만의 정체성을 직접 디자인하는 사람들이 있다.

직관을 힘껏 빌어 세운 전제는 따박따박 논증으로 포장할 말의 끝을 확실하게 예고할 수 있다. 하지만 글로 사람을 말하는 현대 인류학이 사랑하는 추론의 기초는 확실한 끝의 끝에서 기다리는 불확실한 물음을 너그럽게 끌어안을 수 있을 만큼 충분히 모호한 개념을 발명하는 작업인 것 같다. 왜냐하면 아무리 생각을 곱씹어 보아도 내가 세운 대전제는 내가 쌓을 말의 논리를 어그러트리는 사람의 삶을 온전히 담아

내기에 확실히 충분하지 않기 때문이다.

홍대 알바가 홍대에서 제멋대로 빚어내는 정체성은 국어사전이 "변하지 아니하는 존재의 본질을 깨닫는 성질"로 그 뜻을 정리한 정체(正體)성과 달리 절대 변하지 아니하는 하나의 실체로 결코 정체(停滯)하지 않는다. 정체 없는 정체. 그렇다면 홍대 알바는 누구일까? 나의 스무 해 경험을 골고루 성찰한 결과 떠오른 자문자답은 크게 두 가지다. 말을 덧붙이고 싶은 관점의 스케일을 작게 조절하면 자문자답의 덩어리가 잘게 조각난 가짓수가 늘어날 수 있을 것이다.

홍대 알바는 서울이든 한국이든 외국이든 다른 동네에서 발견할 수 없는 홍대만의 장소적 특성에 매료되었는가? 홍대는 예술가처럼 이상한 멋을 부리는 사람이 모이는 동네라는 이미지가 동네 밖을 떠돌아 뭇사람을 동네 안으로 끌어들인다. 음악이나 미술을 곁들여 노는 일을 멋으로 쳐주는 동네가 서울에 여기뿐이라 그런지 이상하게 멋 부리는 사람들이 이상하게 알바를 하며 살아간다.

밥보다 멋이 중요한 홍대 알바는 옷, 헤어스타일, 메이크업, 액세서리, 타투 등 온갖 패션 기술을 적절히 활용해 제멋대로 겉모습을 꾸미고 예술에 대한 개별적 관심을 적극적으로 표현한다. 뿐만 아니라 이른바 정상 사회에서 금기로 여겨졌던 소수 취향이 별 탈 없이 승인되거나 오히려 강력한 문화자본으로 교환되는 경험을 꾸준히 축적하면서 홍대에 직접 발을 들여놓아야 찾을 수 있는 독특한 장소적 질서 안으로 나를 새롭게 집어넣는다. 바꿔 말해 '내가 있어야 할 곳은 어디인가?'라는 어제의 미래적 망상이 '이곳이 내가 있어야 할 곳'이라는 오늘의 현실로 강렬하게 전환되는 느낌을 깨닫고 난 이후 홍대라는 동네를 뒷받침하는 공간적 질서 속으로 나의 정체를 알맞게 끼워 맞춰 넣는 것이다. 그렇기 때문에 그들은 홍대와 나를 똑같은 곳과 것으로 상상하는 동시에 그 동네를 매일같이 반복적으로 살아가는 홍대사람으로 강력하게 정체하고 싶은 사람들이다. 정체성(하나).

이상한 멋에 맛들인 사람들이 이상한 멋으로 번뜩이는 도시에 불나방처럼 꼬이는 현상은 동서고금을 막론하고 보편적이다. 어디 예부터 멋으로 이름을 날렸던 파리뿐이랴.[3] 런던, 뉴욕, 베를린, 도쿄, 암스테르담, 헬싱키 등. 오늘이든 내일이든 어느 곳을 어떻게 가든 큰길 아닌 모서리를 어슬렁거리면 홍대 알바와 닮은 다른 그 동네 알바를 어쩔 수 없이 마주칠 수 있다.

홍대 알바는 예술가의 삶을 꿈꾸는가? 홍대 알바가 홍대를 날로 사는 여러 조건 가운데 미술과 음악으로 대표되는 예술에 대한 관심은 결코 무시할 수 없다. 이윤을 추구하는 거래보다 관심을 자극하는 퍼포먼스에 공을 들이는 수많은 소매상점들은 이미 솟아오른 독특한 동네 분위기

3   Walter Benjamin, *The Arcades Project*, translated by Howard Eiland and Kevin McLaughlin(Havard University Press, 2002).

에 아랑곳 있는 듯 없는 듯 제멋대로 기획한 상품에 예술가다운 감각과 의미를 덧붙인다. 그래서인지 이곳에 일부러 뿌리박고 자라려는 예술가 지망생으로 나를 규정하는 홍대 알바는 아름다움과 삶이 얽힌 사람들이 교차하는 장소를 눈치껏 포착하고 동네가 작동하는 원리를 몸소 이해하기 위해 귀동냥하면서 예술가와 지망생 사이에 가로놓인 양자 도약의 높이를 가늠하곤 한다.

얄궂은 현실의 시간은 청춘의 무한한 몽상을 무제한 허락하지 않는다. 하늘 높이 도약할 구름판을 준비할 여유도 채 없이 곧바로 주어진 처지가 알바인 탓에 예술가로 자라려는 혹독한 훈련은 걸핏하면 다음 과정으로 밀리고 오히려 다른 알바들과 꿀 빠는 구직 정보를 주고받거나 끼리끼리 어울려 귀신 씻나락 까먹는 소리만 나누다 헤어지는 과정으로 하루하루를 다 써 버리기 마련이다. 그렇기 때문에 그들은 홍대와 나를 똑같은 것으로 상상하는 동시에 그 동네를 나날로 아름답게 살려 내는 예술가로 정체하고 싶지만 참말로 녹록하지 않은 지금 이 시간 팍팍한 현실에서 정작 잘하려는 미래의 도래를 유예하고 산 입에 거미줄이나 걷고 보자고 분투하는 사람들이다. 정체성(둘).

사전이 정의한 정체성을 그대로 따라 앞서 이어 던진 자문자답을 종합하면 홍대 알바가 짊어진 삶의 정체성은 정체성(하나)과 정체성(둘)으로 갈라진다. 홍대사람으로 딱 달라붙은 하나가 되고 싶어도 홍대와 알바가 서로 떨어져 진동하는 탓에 거참 피곤한 둘이 될 수밖에 없는 현실이 맨 처음 의도와 상관없는 존재론적 분열을 낳는 것이다. 그래? 그렇다면 차라리 나를 여럿으로 나누면 어떨까? 언뜻 엉뚱한 이 물음은 나 하나에 익숙한 개인을 여러 낯선 곳에서 다채롭게 성찰한 인류학의 고전적 민족지에서 흔히 찾을 수 있는 세계관이다.[4] 만약 이 관점을 쉽게

---

4 Martin Sökefeld, "Debating Self, Identity, and Culture in Anthropology," *Current Anthropology* Vol. 40, No. 4(1999), pp. 417-447.

받아들일 수 있으면 마치 세포 분열하듯 계속 늘어나는 홍대 알바의 여러 정체성이 하나도 이상하게 느껴지지 않을 것이다.

나는 나를 나눌 수 있고 그래서 여럿인 나는 모두 나름대로 한 뿌리 역사를 한 땅에 심는다. 그렇기 때문에 예술가의 삶을 오롯이 꿈꾸는 홍대 알바가 두 줄기 역사를 따라 따로 갈라지기 십상인 오늘날 홍대는 알바와 다른 작업의 빈자리를 스스로 마련하지 않으면 아무 일도 아름답게 일어날 일 없는 차가운 대도시 한복판이다.

꿈―나눌 나

쉽고 재미있는 숫자 놀이 시간. 하늘 높이 주먹을 뻗어 보자. 손을 펴고 손가락을 오므려 눈앞으로 가져와 보자. 초점이 겹치거나 흐트러진다. 몽롱한 상태를 그러려니 놔두고 나(하나)를 나(둘)와 나(셋)로 나누어 보자. 그런 다음 나(셋)를 또 나(넷)와 나(다섯)로 나누어 보자. 하나 더하기 하나 나눈 둘 더하기 하나 나눈 둘. 손가락이 자연스레 나눌 나는 손가락 따라 다섯까지 늘어날 수 있다.

가까운 손가락부터 하나하나 이름을 불러 보자. 엄지, 검지, 중지, 약지, 새끼. 무슨 말일까. 전통과 관습이 쥐어 준 이름을 생각 없이 되뇌다 보니 한글과 한자가 뒤엉켜 무슨 말인지 흐리멍덩하다. 나라 말씀이 가운데 나라와 달라 짜증 나 새 글자를 만들어 버린 대왕 말씀을 따라 셈을 하나하나 더해 보면 어떨까. 하나, 둘, 셋, 넷, 다섯. 다섯 손가락이 자연스러운 나를 따라 나는 고르게 하나씩 많아질 수 있구나. 손가락 마디마디 하나하나 펼 때마다 내 나라 내 땅이 새로 솟는 기분이다. 손가락 사이 빈틈으로 나눌 나가 숨통을 틔운다.

풀어 두니 따로 놀던 손가락을 말아 주먹을 쥐고 가까운 손에 먼 손을 더해 보면 어떨까. 다섯, 다섯, 열. 손가락 덧셈이 주먹과 주먹을 뭉쳐 맞붙는 순간 앞선 흐름을 거칠게 거스르는 곱절이 셈 솟는다. 하나 더하기 하나를 오직 둘로 믿고 벽돌만 쌓는 세계를 빠개 다섯 곱하기 둘을 열로 태워 불리는 복권에 당첨된 나는 이제 산술에 기하를 끌어들여 수를 모양으로 주물러 쥐락펴락 놀 줄도 안다.

두 주먹으로 곱절의 원리를 단박에 깨친 나는 이제 열 손가락을 머리로 굴려 제곱 거듭날 궁리를 한다. 다섯 손가락 두 짝을 나란히 활짝 펴고 얼굴 가까이 가져와 눈앞에 지그시 대어 보자. 초점이 사라진 세계 바깥 세계에서 숫자를 굴리고 불리고 노는 맛은 거칠 것이 없어 넉넉하다. 열, 열, 백. 백, 백, 만. 만, 만, 억. 덧과 곱이 손가락을 떠나 자유로운 나는 나눌 나를 거듭 셈에 끝이 없다. 언제 말해도 무슨 말인지 도통 말이 어려워 쉬운 말이 꼬이지만 뻔한 말로 태극이 무극이다.

야생을 계몽한 근대 이념을 따라 다짜고짜 나를 개인(individual)으로 정의하면 나는 글자 그대로 나뉘지(dividual) 않고(in) 홀로 묶인다.[5] 넌 누구니. 그러는 넌 누군데. 이름이 이름을 숫자로 묻는다. 회사는 관등을 묻고 관공서는 주민

<hr>

5   Karl Smith, "From Dividual and Individual Selves to Porous Subjects," *The Australian Journal of Anthropology* Vol. 23(2012), pp. 50-64.

등록번호를 묻고 통신사는 전화번호를 묻는다. 하나 대 하나. 합리적으로 무뚝뚝한 딱 그 정도 방정식이 서로를 개체로 믿고 통계 처리하는 데 별 무리가 없다. 나눌 나를 하나로 뭉갠 번호표는 무리수 없이 정수로 긴 줄을 낳는다.

이성이 머리로 못박은 개념에 손발이 쪼그라든 나는 나를 나눌 수 있기는커녕 나를 나눌 나를 나에서 떼어 놓을 수 있는지 물을 방법이 새삼 없다. 번거롭게 묻지 않고 하나에 하나를 하나씩 더해 생각의 벽돌을 차곡차곡 쌓아 올리면 높은 벽을 반듯이 세울 수 있다. 하지만 한심한 생각을 감각으로 잘 다루는 나는 이성이 깨뜨린 꿈 조각을 그러모아 골고루 나누고 놀 줄 안다. 조각난 이성은 꿈을 거짓이라 말하지만 높은 벽이 없는 나는 그 조각 속에서 진짜 나를 꿈꾸듯이 만난다. 어떤 조각에는 웃는 내가 어떤 조각에는 우는 내가 어떤 조각에는 울다 웃는 내가 나를 보고 울거나 웃는다. 미쳤나. 아니다. 웃음과 울음 사이 그 애매한 틈에 오히려 진짜 나를 물을 방법이 나를 보고 꿈같이 날개 달고 살아 있다.

　이성의 벽을 굳게 쌓느라 말문이 사라진 나와 달리 꿈으로 말하는 신화(神話)를 문자로 풀어 쓸 줄 아는 나는 온몸으로 숨 쉬며 꿈을 살리는 나와 꿈 속에 주어진 역할로 노는 나를 변증법 말발로 뒤섞는다.[6] 그렇게 꿈이 꿈으로 낳은 내가 꿈에서 뱉은 말을 꿈 안팎으로 나누어(辨) 깨닫게(證) 만드는(法) 다이얼(dial)을 잘 맞추면 문자의 틀에 박혀 버린 문화(文化)는 숨 쉬는 말과 함께 살아 있는 문화(文話)로 거듭나 날로 대화(對話)를 나눈다.

　라디오 주파수 다이얼 돌리듯 신중하게 꿈의 신호를 탐색해 보자. 지지직 삐삐삑 우우웅. 안녕하십니까. 소음이 사라지고 귀가 밝아지는 소리 구간을 언젠가는 찾을 수 있다. 하지만 나날이 발전하는 기술의 거듭제곱이 아찔한 나는

6　권헌익, 「전생에 맺은 사회관계: 신화분석과 비교문화」, 《한국문화인류학》 32-1(1999), 149-209쪽.

고작 전화(電話) 한 통 잘못 거는 나로 툭하면 고
장 나 "다이얼이 늦었으니 다시 걸어 주시기 바
랍니다."만 착신하고 뚝뚝 끊어지기 일쑤이다.
꿈에서 갓 깨어나 온몸이 울퉁불퉁한 나는 어
째 곧 닥쳐올 매끄러운 세상에 낄 틈이 하나도
없어 보인다. 왜냐하면 정보통신기술이 전화
로 극복한 절대 공간 속에서 경험하는 상대 시
간은 밑도 끝도 없이 제멋대로 빨라지기 때문이
다.[7] 접속이거나 차단이거나. 영과 일로 모든 것
을 딱 쪼개 놓아 망설일 틈도 새도 사라졌다. 꿈
같은 어제를 기억하고 꿈 속의 내일을 기대하는
오늘 이 순간이 느긋할수록 오히려 이 바쁜 시
스템 사이에 골고루 존재하는 나만 고로 고루하
게 꿈 깨지고 몸 빠지고 마는 꼴이다.

7   Helga Nowotny, *Time: The Modern and Postmodern
     Experience*, translated by Neville Plaice(Polity Press、
     2005), pp. 25-28.

과기

손바닥 크기로 만든 매끄러운 전화기 하나
에 우주 네트워크를 예쁘게 집어넣었다. 아기자
기 누르는 재미가 좋은 기계 버튼을 몽땅 밀어
버린 플라스틱 판 위로 손가락이 미끄러질 때마
다 새로운 세계가 창을 열고 나타난다. 아침 먹
고 땡. 점심 먹고 땡. 저녁 먹고 땡. 창문을 열어
보니 창문 열린 창문 여는 창문이 끝의 끝도 없
이 열린다. 컴퓨터 기술이 반도체 산업을 문화
로 혁명한 그해. 돌이켜보니 인류가 지구 안팎
에서 경험하지 못한 신세계가 그때 정말로 창조
되었다.

서기(西紀) 2007년. 과학기술 역사를 통틀어 가장 파괴적으로 인류의 감각을 혁신한 해라 전해 들었다. 이제 손가락으로 꾹 누르지 말고 손끝으로 쓱 문지르세요. 그렇다면 이 놀라운 해를 가려 기리는 연호도 이제는 달리 불러야 마땅하지 않을까? 실리콘으로 에덴을 밸리에 조립한 창조주가 베어 물기 좋아했다고 널리 알려진 사과를 반으로 쪼개 접시에 담아 보면 어떨까? 사? 과? '과'를 고르면 어떨까? 왜 몰랐을까? 과일과 과학기술을 한꺼번에 기념할 수 있구나. 숫자가 숫자로 돈을 창조하느라 죽도록 바쁜 계곡에서 둘 중 하나뿐인 선택을 망설일 필요가 손바닥 안으로 딱 사라진다. 덩달아 사라진 손가락에 흔적만 남은 저항도 여기서는 전기 신호라 무척이나 매끄럽다.

과기(果紀) 1년. 갓 시작이라 세상을 선과 악으로 갈라놓을 유혹의 과일이 맺힐 새 없다. 서두를 이유가 없었다. 이 새로운 시스템 안에서 진화를 거듭할 인간의 육체가 머리어깨무릎발

무릎뼈 구부러질 것 같았다. 불행일까. 맨손이 귀여운 동요가 인류의 미래 자세를 예측할 줄 꿈에도 몰랐다. 다행일까. 그때까지만 해도 대세에 무심한 선택이 희귀한 취향으로 존중받던 시절이었다. 전화 없이 팔다리 쭉 펴고 대화를 나누는 데 굳이 들일 돈이 당연히 한 푼도 필요 없었다.

전화를 받을 때 착. 끊을 때 탁. 접고 펴는 탄성이 손바닥을 기분 좋게 때리는 그 딸깍 손맛이 좋다고 구태여 우기는 사람들이 애써 버티고 있는 줄 미처 몰랐다. 그냥 낡은 전화기 한 대로 최첨단 시스템과 별 탈 없이 어울려 놀고 있는 줄 알았다. 하지만 011 더하기 7자리 전화번호로 얽힌 2세대 이동 통신을 뒷받침하는 과학 기술 네트워크가 기둥부터 차근차근 사라지고 있었다. 어쩐지. 소리가 점점 멀어지는 소리를 딸깍딸깍 소리가 딱딱한 전화기 속 짧은 그림 안테나로 한참 전부터 눈치껏 정확하게 알려주고 있었다. 아. 참. 미안하다. 일부러 그런 게 아니란다.

과기가 이룩한 혁명을 별 생각 없이 비켜 난 햇수가 열셋을 넘어선 즈음. 서기 2020년 어느 날. 언제나 혁신하느라 바쁜 자본 시장은 느긋한 소수자의 느린 선택을 건강한 시스템에 꼭 필요한 예외로 허락하지 않았다. 노이즈가 못마땅한 통계적 효율이 사랑하는 정규 분포는 모양이 너무 단순해서 참 다루기 쉽다. 그래프의 꼬리 끝에 매달려 있지도 않은 쪼가리 데이터는 오류로 꼬리표를 돈 들여 달기도 전에 삭제하는 편이 우리 편에게 여러모로 유리하다. 최첨단이 깔끔한 시스템은 모서리를 잘라내느라 늘 끝에서 끝의 끝이 바쁘다.

똑, 똑, 똑, 등기 우편입니다. 정규직 우체부 아저씨가 안전하고 친절하게 전해 준 편지 봉투에는 구구절절 애처로운 초대형 통신사의 기막힌 사연이 짧고 굵은 제목과 함께 담겨 있었다. 서비스 종료 안내. 그저 단순한 삶이 좋을 뿐인 소비자의 외딴 지각 하나가 고작 가전제품 따위

하나를 볼모로 벌이는 저항에서 몽니까지 갖가지 오해로 쪼개지는 까닭은 무엇일까? 그대로 있는 것과 굳어 버려 변하지 않는 것은 하나도 같지 않다. 나는 흐르는데 시스템이 흘러가 버리니 결국 나로 남은 나만 시스템 밖에 고인다.

편지 사연 다음에는 전화 사연이 더욱 친절하게 나를 찾았다. 고객님을 노동으로 모시는 감정 없는 목소리는 정중하게 여러 번 정교하게 여러 채널로 이제 그만 새로운 시스템 안으로 들어오시는 결단이 우리 모두에게 좋고 좋은 일이지 않겠느냐고 재촉했다. 이미 안에 있는데요? 아니요. 밖에 계십니다. 그래요? 네. 인프라가 곧 통째로 사라집니다. 아. 그랬군요. 벽과 벽이 마음을 열고 대화를 나누면 손에 손잡고 벽을 넘어서 우리 사는 세상 더욱 살기 좋게 만들 수 있기는 있다.

어쩔 수 없이 미안한 거래의 보상으로 새로운 가전제품 꾸러미를 선물 받았다. 와. 좋은데? 진작에 바꿀 걸 그랬네. 야. 그런데 좀 싸게

팔면 더 좋잖아. 대충 그러려니 생각하고 며칠
이나 지났을까. 맑은 나를 그대로 비추는 거울
과 닮은 다른 기계를 맞댄 얼굴이 매끄러워 적
응하는 데 하루도 채 걸리지 않는 모바일 컴퓨
터 화면에 붕붕 떠오른 낯선 전화번호가 마치
터치를 기다렸다는 듯 나를 찾았다.

생음악

수화기 너머 혼자 신이 난 말발은 새로 제작할 인터넷 생방송을 설명하느라 숨 쉴 틈이 없었다. 튼튼한 새 인프라를 타고 전파로 넘어오는 목소리에는 날로 노느라 들뜬 에너지가 가득했다. 전화기를 매끄럽게 바꿔서 그런지 저쪽 얼굴에서 이쪽 얼굴로 침이 곧장 튀기고 방금 피운 담배 냄새도 슬쩍 나는 것 같았다.

젊은 꿈은 알아서 잘 부풀어 오르기 마련이다. 홍대 생음악을 공간 따라 기록하고 싶습니다. 왠지 알 수 없지만 나도 따라 궁금증이 부풀어 오른다. 생음악이요? 바야흐로 전 세계 음악이 오디오 스트리밍 서비스를 통해 영과 일로 깔끔하게 나뉘어 제각각 흐르는 와중에도 여전히 홍대 곳곳 지하에서는 드럼, 베이스, 기타를 들고 울부짖거나 디제이가 트는 음악에 미쳐 춤추는 젊은이들이 있잖아요. 나는 연주자라 잘났고 너는 관객이라 못났고 뭐 그런 거 나눌 거 없이 내장 꺼내 놓고 놀 수 있는 공간이 서울에서는 죄다 홍대에 모여 있으니까. 저희가 생각할 때 여기는 찐하다 그래서 좀 오래오래 찐했으면 좋겠다 싶은 공간 몇 군데를 나름 골라 봤고 또 공간마다 스타일이 워낙 다르니까 그 느낌을 어떻게 영상으로 담아 볼까 막 고민하다가 인터넷 생방송으로 먼저 그 공간 색깔이 드러나는 음악을 소개하고 그런 다음 그 공간에 대한 사람들 이야기까지 다시 편집해서 인터넷에 공개하려는 기획입니다. 와. 멋있네요. 아. 그런데 제가 인터넷을 잘 안 하는데요. 네. 익히 들어 알고 있습니다. 그치만 늘 하시던 대로 그냥 있는 그대로 하시는 게 중요해서 인터넷은 상관없습니다.

아. 그런가요. 네. 그렇습니다. 길지 않은 대화
는 설득의 궤도를 일찍이 벗어났다. 하지만 하
나도 낯설지 않았다. 괜한 말을 더하지 않아도
무슨 말인지 알아들을 수 있었다. 그냥 그대로
그렇게 통하는 바이브가 동네마다 있기 마련이
다.

　젊은 젊은이 몇몇이 기획한 인터넷 생방송
은 일주일마다 공간 하나씩 총 여덟 편을 단발
로 제작해 송출하는 빠듯한 일정이었다. 그렇게
부풀어 오른 꿈속에서 나는 귀한 옛날 음반을
손으로 직접 다루는 젊은 늙은이로 역할이 확정
된 상태였다. 전화를 건 젊은 젊은이들은 서울
시 마포구 연남동 뒷골목을 세련된 젊은 음악으
로 주름 잡고 있었고 전화를 받은 나는 서울시
마포구 서교동 뒷골목에서 늙은 음악과 함께 하
루하루 주름이 깊어지고 있었다.

　큰길 하나 사이 거리는 가까운데 멀다. 서
교동이 젊은 음악으로 한창 젊었던 시절 연남동
은 아직 음악으로 태어날 씨도 없이 버려진 땅

이었다. 양지바른 동교동 바깥이라 해가 덜 들어 그런지 낡고 좁은 다가구 주택과 기사식당이 어울려 싸게 모여 있을 수 있었다. 찾아가는 사람보다 지나가는 사람이 더 많은 길이었다. 서교동을 탈탈 털어 모아 봐야 얼마 되지 않는 동네 음악 질량이 그 사이 그 모양으로 갈라 뿌려져 거기까지 흩어질지 누가 어떻게 알았을까? 서울 지하철 2호선 홍대입구역을 남북으로 아우르는 서교동과 연남동은 이제 '홍대'라는 예술 껍데기로 함께 거듭나 멋이 좋은 뭇 젊은이를 끌어들이고 있다.

전화로 촬영을 약속한 날. 익숙한 서교동 뒷골목을 낯설게 걷다 문득 지나간 시간을 헤아려 보았다. 2009년. 지금으로부터 10여 년 전. 큼직한 나무 그늘 아래 걷는 기분이 조용한 언덕 골목 지하에 생음악이 샘솟았다. 곱창전골. 현대 지성사를 통틀어 가장 혁명적인 인식의 전환을 어쩌다 감각으로 깨친 가게. 기호는 껍데기 달린 구조일 뿐이니 곱창전골에서 곱창전골을 팔 까닭이 꼭 있을 필요가 없다.[8] 문을 열면 고소한 곱창이나 매콤한 전골 냄새 대신 싸구려 술 냄새가 물씬 풍겼다. 건너편 1층에서 작지만 모자람 없는 음악 술집으로 이미 작은 동네에서 유명했다. 좁은 공간에 옹기종기 모여 병맥주나 병소주에 간단한 안주를 섞어 마시다 듣고 싶은 노래를 종이에 적어 슬쩍 건네면 눈앞에 서 있는 진짜 사람이 진짜 턴테이블에 진짜 판을 걸어 진짜로 틀어 줬다. 신청곡을 적은 종이 쪼가리가 디제이 부스 앞에 쌓이는 딱 그만큼의 곱절로 공간의 체감 온도가 취기 따라 끝도 없이 올라갔다. 국내 최다 보유량을 자랑하는 초희귀 음반 컬렉션을 쿨하게 걸레처럼 아낌없이 틀어 재껴 지지직거리는 잡음까지 음악으로 섞어 크게 듣는 재미에 수다는 덤. 꾸러기 주인장의 잡다한 음악 지식이 술안주보다 맛있는 서비스로

8   Ferdinand de Saussure, *Course in General Linguistics*, translated by Roy Harris(Open Court, 2009), pp. 65-70.

아낌없이 흩뿌리는 곳이었다.

홍익대학교 앞 클럽 골목에서 외국 힙합 음악 트는 디제이 꼬마로 동네를 오가다 처음 발을 들였다. 생맥주보다 생음악으로 술집을 지나치게 흠뻑 적시고 있던 사람들은 모두 나보다 나이가 많았던 것 같다. 그래 봐야 한창 젊은 동네 사람들이었다. 나 빼고 모두 아는 것 같은 한국 노래를 따라 부르다 제멋대로 일어나 춤추고 노는 광경이 무척 신기했다. 나는 그때 이문세를 몰랐다. 변진섭도 몰랐다. 김완선을 틀어 놓고 리듬 속에 그 춤을 추며 신들린 듯 노는 사람들에게 진짜로 잡신이 내려온 것 같아서 충격이었다. 김완선 표정 따라 눈빛을 풀었지만 팔다리가 몸통에 붙은 듯 떨어진 듯 살아 돌아다니는 춤사위가 뻔한 비트에 맞춰 나만 바라보라고 페로몬을 찔끔 방사하는 힙합 클럽들과는 영혼의 깊이가 달랐다. 젊은 사람들이 무슨 한과 끼가 그리 많았는지 콩밭 매는 포기마다 억지로 눈물 심느라 짜증난 아낙네를 위로하는 살풀이

무당 같았다.

그러다 한대수가 나오고 김민기가 나오고 한영애가 나오고 산울림이 나오고 신중현이 나오고 송골매가 나왔다. 물 좀 주소. 그러면 또 그 흐름대로 노는 속도를 줄였다 늘였다 알아서 조율할 줄 아는 사람들이 모여 물 대신 술을 마시고 있었다. 허나 내가 오른 곳은 그저 고갯마루였을 뿐. 여보세요. 거기 누구 없소. 꼭 그렇진 않았지만 아마 지난 여름이었을 거야. 한 번 보고 두 번 보고 자꾸만 보고 싶네. 어쩌다 마주친 그대 모습이 내 마음을 사로잡아 버렸네. 목마르오. 술 좀 주소.

홍대에서 가장 찐하게 음악을 알코올로 맛볼 수 있는 괴상한 술집이었다. 주인장 스스로 젊은 지성들의 쉼터라 우겼다. 건너편 1층에서 월세 때문에 쫓겨나 지금 이곳 지하로 옮겨 들어올 때 나는 가장 젊은 디제이로 합류했다. 1층에 오붓하게 앉아 놀 수 있을 때보다 자유롭게 일어서 춤출 수 있도록 가운데 공간을 키웠다.

한국 음악만 가지고 동네에서 제대로 놀아 볼 요량이었다. 한국이지만 한국 음악을 틀지도 듣지도 않던 동네였다. 꼬장꼬장하기로 서로 아쉬울 일 없는 록 아재와 힙합 꼬마가 서로 있는 줄도 모른 채 서먹서먹 멀어지던 홍대 한구석에서 누구나 한 곡 이상 모를 수 없는 가요를 확실한 무기 삼아 여러 세대를 아울러 공략할 수 있는 불확실한 시도였다.

입소문이 두루 났다. 소문은 소문을 곱절로 빠르게 낳는다. 젊은 지성의 쉼터가 마구잡이 놀이터로 점점 부풀어 올랐다. 몇 년 동안 아낌없이 흥했다. 뜬소문이 동네 바깥 사람까지 마구 끌어들였다. 이렇게 정신 줄 놓고 살 풀어 놀고 싶어 미친 사람이 그렇게 많은 줄 몰랐다. 줄이 생기면 사람들은 줄을 따라 기꺼이 줄을 선다. 일부러 줄 서는 재미가 좋아 먼 데서 힘들게 찾아오는 줄 알았다. 줄이 너무 길어 가게 이름으로 말장난 치는 재미가 줄었는지 콘텐츠 이름을 밤과음악사이로 쉽게 바꾼 카피캣이 전국에

줄을 뻗었다. 지나치게 흥했다고 들었다. 줄을 뚫고 들어오는 낯선 사람마다 데리고 온 낯선 사람에게 여기가 진짜라고 설명하기 시작했다. 하지만 그 낯선 사람들과 함께 진짜도 아우라를 조금씩 잃어버렸다. 기호가 실재를 집어삼키자 대충 비슷한 낭만 패키지가 전국으로 팔려 나갔다. 가짜에 망조가 씌었는지 진짜로 줄이 줄었다. 진짜로 줄은 줄에는 사람들이 진짜 줄을 서지 않는다. 지구를 꾸준히 도는 달도 차면 기우는데 고까짓 흥과 망은 성과 쇠와 함께 당연히 짝꿍 짝짜꿍이다.

열두 해를 흘려 보내고 얻은 뻔한 깨달음이다. 그리하여 2020년. 나는 어쩌다 이 젊은 동네에서 오늘 밤 늙은 음악을 뒤섞는 젊은 늙은이로 분한 것일까? 사라져 가는 동네 문화를 붙잡고 아직 살아 있는 무형 문화재처럼 누군가 기꺼이 박제가 되어야 누군가 문화인으로 문화를 팔아 먹고 살 수 있기 때문일까? 꼭 그렇진 않았지만 구름 위에 뜬 음악이 공짜로 흩뿌리는 과기의 시대에 생음악은 지켜야 할 문화로 굳어 버린 것일까? 살과 삶을 부딪치며 서로를 날로 나누고 놀던 진짜 날라리들은 이제 사과를 쪼개 실리콘 반죽을 빚어 만든 매끄러운 화면 속으로 사라져 날아가 버린 것일까?

젊은 늙은이

진짜는 가짜로 변하거나 진짜로 사라지고 진짜를 새로 낳는다. 나는 지금도 젊은 마음이지만 지금보다 몸이 젊은 나는 이제 진짜로 있을 수 없다. 젊은 에너지를 진짜로 태운 공대에 진짜가 없는 것 같이 느껴질 무렵 발 들인 홍대 댄스 클럽이 그때는 진짜로 진짜 같았다.

홍익대학교에서 꽤 먼 홍대입구역을 쉽게 빠져 나오면 바로 붙어 있는 KFC에서 가짜 통닭에 얼음 콜라를 섞어 대충 배만 채우고 당최 홍대에 무슨 재밌거리가 있다는 건지 처음에는 가짜 냄새도 못 맡고 돌아갈 뿐이었다. 정확한 사건은 이제 기억 나지 않는다. 미련한 반복이 예외를 끌어안은 찰나 홍익대학교 앞 놀이터에서 샛길로 이어지는 뒷골목 듬성듬성 숨어 있는 곳곳에서 이상한 외제 음악을 틀고 이상하게 노는 사람들을 진짜로 발견해서 매우 짜릿했던 느낌만 남아 있다. 힙합, 하우스, 테크노. 조금씩 다 있었다.

제멋대로 춤추고 노는 미친 사람들 말고 혼자 헤드폰 쓰고 집중해서 음악 트는 사람이 남다르게 빛나는 이미지로 부풀어 말랑한 몸을 휘감았다. 아. 저게 디제이구나. 정성껏 트는 사람과 정성껏 노는 사람이 가까운 한곳에 정성껏 모여 날로 놀고 있었다. 요. 저게 진짜구나. 젊은 젊은이가 공대 아닌 홍대에서 새 삶을 살기로 결정한 찰나는 몸과 마음을 나눌 새 없었다. 말리는 사람이 아무도 없었고 말릴 기회를 아무에게 주지도 않았다. 저걸 해야겠다. 오로지 하나밖에 없었다. 하나를 이루기 위해 나는 둘로 셋으로 넷으로 계속 나뉘었다. 내 속을 나로 가르는 치열한 경쟁 속에서 연습이 알바와 공부와 잠을 밀어내고 열정의 자리를 차지했다. 디제이. 그게 뭐라고. 이 클럽 저 클럽 들락거리며 아는 척 모르는 척 데뷔의 기회를 모색했다. 언더그라운드는 공채가 없는 대신 텃새가 심하다.

공대와 홍대를 오가다 서울시 마포구 동교동에 내 집을 월세로 얻고 디제이로 홀로 서는 데 2년 남짓 걸렸던 것 같다. 젊은 늙은이에게 풋 짧은 시간이 젊은 젊은이에게는 막 긴 시간일 수 있다. 학교는 안녕이다. 음악으로 돈을 번다. 뻔한 말이지만 세상을 다 가진 기분이었다. 많은 돈이 필요하지 않았다. 홍대는 남루한 멋도 멋으로 쳐주는 이상한 동네라 값싸게 멋있을 수 있다. 동교동 집에서 가벼운 옷차림 그대로 빠져나와 무거운 디제이 카트를 끌고 서교동 클럽 골목까지 밤길을 발로 걷는 허세가 그 어떤 스포츠카 엔진 소리보다 스스로 값비쌌다. 주말을 제멋대로 즐기러 정성껏 멋부리고 홍대 뒷골목을 찾는 젊은 젊은이들을 정성껏 맞이할 수 있는 밤의 권리는 대도시를 통째로 비틀어 쥐고 노는 착각을 마음껏 양껏 허락했다.

해가 반짝 대낮. 밤새 속내를 감추어 화려하게 빛난 도시의 민낯이 날로 드러나 왠지 부끄러운 시간이다. 어젯밤 미러볼에 빨주노초파남보 매끈하게 빙글빙글 비쳐 돌아 미쳐 화려했던 그 댄서는 오늘 아침 넝마 잠옷 바람에 세수하기도 귀찮아 그냥 누워만 있는 놈팡이일 확률이 낮지 않다.

오랜 술에 쩔 대로 쩐 계단을 따라 내려가 촬영을 약속한 지하로 들어섰다. 한 걸음 내딛을 때마다 다시 밖으로 나가고 싶게 메슥거리는 느낌이 남 같은 낮이라 새삼 낯설다. 그런 생각이 들자마자 서늘한 공기가 용케 낮을 밤처럼 다시 가려 발을 아래로 끌어들인다. 밤에는 그럭저럭 낡은 멋이 구석구석 묻어 있는 나무 바닥에 켜켜이 스며든 술 냄새가 낮이라 아주 몹쓸 노릇이다.

고달픈 생업이 뱉은 취기가 찌들어 늙은 현

장에 모처럼 낯선 생기가 멋지게 돌고 있었다. 홍대를 주름잡고 더 큰 세계로 나아가고 싶은 젊은 젊은이 예닐곱 명이 맑게 모여 둘러서 있었다. 단출하게 구축한 생방송 시스템은 디지털 기술의 놀라운 가속 발전을 새삼 눈앞의 현실로 일깨웠다. 커다란 중계차가 가게 밖에 바리케이드 치고 서 있지도 않았고 수십 명의 스태프가 장비를 한아름 들고 웅성웅성 모여 있지도 않았다. 카메라와 조명을 다루는 스태프 몇 명과 녹음 장비와 컴퓨터를 다루는 스태프 몇 명이 달랑 전부였다.

전화로 대충 약속한 대로 출연을 위해 특별히 연출을 더할 수고는 없었다. 눈 감고 오르락내리락 거릴 수 있을 만큼 오래 길들인 디제이 부스에 혼자 올라가서 늘 하던 대로 낡은 음반을 몇 장 골라 하나하나 이어 트는 것만으로 충분했다. 낮술을 부르는 하루아침. 큰길 따라 갈라지는 작은 길 따라 돌아 걸어 들어오는 길에 때마침 떠오른 첫 곡의 취기는 스스로 떨리는 소리를 따라 알아서 다음 레퍼토리를 만들어 낸다. 디제이가 할 일은 이미 흐르기 시작한 소리를 따라 흐르는 분위기를 살포시 조절하는 정도로 충분하다. 하지만 감각적으로 매개할 물리적 변수가 거의 없었다. 술에 취한 살덩어리들의 솔직한 리듬이 사라진 생방송은 거짓 없이 고요했다. 와. 누가 듣고 있기는 한 건가. 컴퓨터 화면 속 채팅 창에 글자들이 올라오고 있다는 말이 들렸다. 야. 거기서 키보드로 노는 글자들은 그 유명한 국어책 속 소리 없는 아우성일까. 자. 젊은 젊은이가 손에 든 카메라는 낡은 턴테이블 위에 검정 플라스틱 판을 곱게 올려 놓고 비싼 바늘을 저렴하게 내려놓는 젊은 늙은이의 손을 집중해서 찍었다.

그렇다. 생업과 생방송은 본성상 리듬이 완전히 다르다. 어느 곳에서 어떤 얼굴이 무슨 표정으로 왜 감상하는지 카메라 앞에 선 오브제는 아무것도 알 수 없는 노릇이었다. 그렇기 때문에 생방송 시간은 30분 정도 양이면 충분했다.

네. 수고하셨습니다. 컷. 아. 확실히 다르네. 카메라로 다 담을 수 없는 생업 시간은 모던타임즈가 딱 분업한 뭇사람이 술과 음악으로 질하게 뒤섞일 때 비로소 솔직한 현금과 함께 콸콸 흐를 수 있다. 땀과 술이 사람을 풀어 날로 섞어야 비로소 완성되는 이 끈적한 세계를 어떤 과학기술로 다 담을 수 있을까.

말이 필요 없는 디제이 부스에서 내려와 카메라를 비스듬히 보고 말하기 좋은 구석 자리를 찾아 앉았다. 말없는 오브제에서 말하는 사람으로 돌아온 나에게 주어진 역할은 홍대 길바닥을 언더그라운드로 길들이다 골고루 늙은 젊은이로 곱게 변신하는 것이었다. 작은 조명으로 대충 젊은 얼굴을 조금 늙게 찍을 거리로 활짝 부풀렸다. 말을 들을 사람 몇몇과 구닥다리 굵은 다리 하나 둥근 테이블에 도란도란 둘러앉았다. 젊은 젊은이가 여섯시 내고향 피디처럼 술집의 성공 비결을 물었고 젊은 늙은이는 딱히 비결이라 할 것이 도통 없는 비결을 때마침 떠오른 노랫말에 빗대 대답했다.

2020년 10월 어떤 날 홍대 어떤 지하

홍대에서 날로 노느라 젊은이　　방금 라이브
방송을 찍으면서 느낀 건데 이 카메라 앵글로
는 뭘 해도 이 공간의 끈적한 바이브를 다 담
을 수가 없네요. 여기는 진짜 찐한 것 같아요.
요즘 연남동 골목만 해도 하루가 다르게 이 가
게 저 가게 빠르게 생겼다 막 사라지는데 어떻
게 여기는 이렇게 오래 쩔은 술 냄새가 그대로
배어 있는 건지 진짜 신기하네요. 좀 뻔한 질
문이긴 하지만 비결이 뭔가요?

홍대에서 날로 놀다 늙은이　　「나무」라는 노
래가 있어요. 가사가 시이고 김광석이 시를 노
래로 부른 건데 그 노래가 절정에 오를 때 '자
라려고'가 나와요. 한국말로 자란다. 나무가
자라잖아요. 그래서 가사 그대로 부르면 '자

라려고 하오'예요. 그런데 '자랄려고'로 불러요. 그러니까 '잘하려고'가 되죠. 일부러 그랬는지 잘 모르겠지만 어쨌든 김광석 노래는 나무에 그런 의미를 의지로 집어넣는데 여긴 그게 없는 거죠. 자라려고 하지도 않고. 잘하려고 하지도 않고. 당최 뭘 잘하려고 하지 않는 사람들이 술에 쩔은 동네에 박혀 있는 이상한 그루터기 같은 데 모여서 고로쇠나무처럼 빨대를 꽂으면 술이 찍 하고 삐져나오는 곳. 이상하게 술이 샘솟는 곳. 실제로 여기 주인 계산법이 이상해서 캐시는 아주 소금인데 술은 되게 관대해요. 알바들도 일하면서 위스키 마시고 막 술이 넘쳐흘러요. 오히려 주인은 손님이 남긴 소주만 마시고. 그렇게 흘러가는 술에 취한 사람들이 계속 얽혀 있는 거겠죠. 당연히 바깥사람들이 봤을 때는 썩 건강해 보이지 않죠. 실제로 건강할 수가 없고. 저도 그래서 이제는 이렇게 잠깐잠깐만 와서 음악만 틀고 바로 가는 거예요. 사람이 평생을 쩔어 살 수는 없으니까.

　연남동 젊은 젊은이들과 나눈 대화 속에서 나는 서교동 뒷골목을 잠깐잠깐 들르는 젊은 늙은이로 분한다. 홍대는 언제나 젊지만 나는 언제나 젊을 수 없다. 그렇게 동네와 사람이 시간을 따로 쓰다 보니 오늘 나만 대뜸 젊은 늙은이로 나뉘고 말았다. 왜 그럴까? 자라려고 하지 않았기 때문일까? 별 탈 없이 그대로 머문 서교동은 이제 연남동에 비해 늙었거나 늙어 보인다. 잘하려고 하지 않았기 때문일까? 새것이 옛것을 미루거나 밀어내는 사이 그냥 잘 살아 있는 것은 한창 젊은 가운데 용케 살아남은 것으로 늙었거나 늙어 버린다. 길바닥은 그대로 거기 있는데 사람이 흐른다. 강물은 거침없이 흐르는데 강바닥 돌만 거침과 상관없이 제자리에 그대로 있는 꼴이다. 흐르는 강물을 거꾸로 거슬러 오르는 힘찬 연어 같이 아름다운 우리 강산에 클리셰로 박제되는 것일까? 아니면 거슬

러 오를 강물조차 숫자 데이터로 변해 버린 시
대에 나눌 나를 글자로 쪼개 놓고 있는 돌멩이
가 길바닥에 처박혀 늙은 처지일까.

작업실

젊은 에너지는 아껴 쓰는 데 아랑곳없다. 서울 지하철 2호선, 인천국제공항철도, 수도권 전철 경의·중앙선. 세 커다란 도시 철도가 땅속에 얽히는 홍대입구 플랫폼 밖으로 오늘 가장 뜨거울 멋 따라 나를 뽐낼 젊은 젊은이들이 쏟아져 나온다. 양껏 흐르는 젊음은 앞으로 어떤 길을 어디로 낼지 스스로 알 수 없다.

한국에서 미술대학으로 특별히 이름난 홍익대학교 다섯 글자가 의미 없이 두 글자로 줄어든 흔적은 아무리 날로 놀아도 사라지지 않는다.[9] 마찬가지로 서교동이 연남동에 비해 더 홍대스러운 역사도 홍대 길바닥 곳곳에 어쩔 수 없는 흔적을 남긴다. 그렇다면 생방송이 가공한 이미지를 그러려니 따라 흔적 없이 늙어 버린 나만 오늘 젊은 홍대를 몽땅 잃어버린 것일까? 그렇지 않다. 오늘 하루 늙어도 내일 다시 젊은 나와 함께 되찾은 시간 속에 얽힌 나는 젊음과 늙음을 나눌 까닭 없이 예술이 순수한 홍대 쪽으로 소박하게 되살아난다.[10]

2023년 4월 어떤 날 우리집

홍대에서 날로 놀다 늙은 남편
홍대 미대에서 작업만 한 아내

남편　　홍익대학교를 직접 다닌 학생 입장

9　　Jacques Derrida, "Différance," *Margins of Philosophy*, translated by Alan Bass(The University of Chicago Press, 1982), pp. 1-27.

10　　마르셀 프루스트, 김희영 옮김, 『잃어버린 시간을 찾아서 13: 되찾은 시간 2』(민음사, 2022), 29-31쪽.

에서 내가 나무 노래 가지고 설명한 홍대가 어때요? 맞는 것 같아요?

아내   응. 잘 맞는 것 같아요. 나무 노래 가사도 그렇고 인터뷰 내용도 공감이 가요. 자라려고 잘하려고 이렇게 쓴 문장을 들으니까 갑자기 옛날 생각이 확 나면서 홍대를 아우르는 사람들 전체가 크게 두 부류로 나뉜다는 느낌이 들었어요. 잘하려고 자라려고 하는 부류가 하나 있고 그런 게 아닌 그냥 즐기려고 오는 친구들이 있고. 서로 성향이 다를 수 있으니까 이게 완전히 대비가 되잖아요.

남편   그러게요. 그때 나같이 홍익대학교랑 상관 없이 홍대에 놀러 온 꼬맹이들은 뭘 한 걸까? 뭐 작가로 잘하려고 자라려고 이런 거 생각 없이 그냥 오늘 하루 어떻게 재미있을까 그 궁리만 한 건가?

아내　　　나야 모르죠. 내가 학교 다닐 때 홍대 놀러오는 친구들 보면서 저 사람들은 왜 여기에 놀러올까 이런 이질감 같은 게 있었는데 저 문장으로 딱 정리가 된 거예요. 그때는 그 실체가 정확하게 뭔지 잘 몰랐어요. 나는 아침에 운동도 하고 1교시가 9시에 시작하니까 열심히 학교를 작업실처럼 가는데 막 술 취해서 비틀비틀 걸어오는 사람들을 보면 괴리감이 안 들 수가 없는 거죠. 이번에 되짚어 보니 홍대를 소비하러 오는 사람들과 내가 사는 홍대는 달랐던 것 같아요.

예술가로 자라려는 미대생이 경험한 홍대는 내일을 꿈꾸는 학교와 오늘을 사는 집으로 충분한 동네다. 중학교 때부터 혼자 다닌 미술학원 속에 꼭꼭 접혀 있던 홍대가 홍익대학교 미술대학 회화과로 펼쳐지는 느낌은 자못 새롭다. 이제 나는 예술가인가. 학교와 집 사이를 꿰뚫는 시간의 빈자리는 늘 예술가의 참모습을 그리는 생각으로 가득 채워졌다. 예술가는 하루 하루 솔직한 작업으로 마음을 쓸고 비우는 소박한 삶을 꿈꾸는 사람이지 않을까. 예술은 나를 나누는 그리기 과제가 아니라 인류가 세계와 꿈 나눌 나를 깊게 그리는 작업이다.

모든 미대생이 재료와 도구를 정성껏 다루는 미대답게 칙칙하고 허름한 실기실에 틀어박혀 과제에 매진하는 것은 아니다. 하지만 오히려 그렇기 때문에 학교가 내준 실기실과 과제를 나만의 작업실과 작업으로 받아들이는 미대생은 이미 예술과 함께 사는 예술가일 수 있다. 와우산 기슭 구석 낡은 건물 조용한 자리는 바깥 해를 차단하는 큐브라기보다 물감으로 하루를 덮어 나를 찾는 깨끗한 우주다. 밥벌이가 불안정한 차원을 넘어 사실상 불가능한 현실을 일찍이 인정하고 작업실에 홀로 틀어박힌 예술가는 작업 시간을 일과 놀이로 나누어 쓰지 않는다. 왜냐하면 작업에 몰입하느라 돈 버는 시간을 잃어버린 순간의 나는 결코 나를 낯선 일로 몰아

붙이지 않기 때문이다.[11] 순진한 예술가가 잘하려고 머무는 홍대는 이제 학교와 집으로 딱 나눌 수 없는 하나의 커다란 작업실로 자라난다.

남편　다르다. 뭐가 그렇게 다르게 느껴졌어요? 다 비슷한 또래였을 텐데.

아내　글쎄요. 옷을 다르게 입었던 것 같아요. 멋있게 꾸미고 말고가 아니라. 용도가 다르달까. 특히 앞치마를 하고 밖으로 나간다는 게 외부인이 보기에는 되게 충격적인가 봐요. 앞치마가 깨끗하진 않아요. 꾸미려고 입는 게 아니니까. 딱 봤을 때. 그렇잖아요. 작업복이니까 유화 물감이나 젯소 같은 거 덕지덕지 묻어 있을 수도 있고. 그래서 앞치마를 하고 화

11　Karl Marx, "Economic and Philosophic Manuscripts of 1844," *Karl Marx Frederick Engels Collected Works* Volume 3, translated by Martin Milligan and Dirk J. Struik(Progress Publishers, 1975), pp. 270-282.

방까지 걸어간다는 거는 그만큼 거기에 꽂혀 있는 거죠. 작업에. 왜냐하면 벗고 가도 되거든요. 갑자기 지금 뭐가 꽂혀서 작업을 시작해야 하는데 재료가 없어요. 그러면 급하게 나가야 하니까 굳이 막 이걸 벗고 그럴 생각도 없었는데 나와 보니 주변이 너무 밝아요. 그럴 때 아차 했던 거죠.

남편　　동선이 겹치긴 하는데 완전히 다르게 쓰는 거네요? 시간도 다르게 쓰고. 그때 나는 왜 대학생이 그렇게 열심히 작업해도 시간이 모자랄 수 있는 사람이라는 생각을 못했을까. 난 대학생이 노는 사람인 줄 알았어요.

아내　　나도 그런 대학생이 있는 줄 몰랐네요. 아무튼 대학교 때 그 기억이 아직도 생생하게 나는 이유는 앞치마 하고 내가 나왔을 때 밖이 너무 밝고 나랑 비슷한 또래 애들은 너무 해맑게 놀러오는 거죠. 그런 친구들 보면 이해가 잘 안 됐어요. 어. 나는 앞치마하고 나왔네. 뭐 이렇게 되니까 서둘러서 재료 사 가지고 다시 작업실로 빠르게 가는 거죠. 게다가 홍대 회화과 작업실이 학교 제일 안쪽에 있고 와우산이랑 붙어 있어서 외지고 어두워요. 나무도 크게 뒤에 있고 겨울 되면 막 다 얼고 그래서 거기서 나오면 홍대가 너무 밝고 다 놀러온 사람들이네 그런 이질감이 들었던 거죠. 다른 대학가는 안 그렇잖아요. 홍대는 홍대생보다 홍대생이 아닌 친구들이 더 많은 관광지 같은 데니까. 우리 학교 앞이라는 생각이 드는 게 아니라 저들이 주인인 것 같고. 뭐가 그렇게 너무 많은 상황이 불편한 거죠.

앞치마는 어두운 작업실에 틀어박힌 예술가가 날로 노는 홍대에서 작업으로 겨우 숨쉴 수 있는 소박한 보호막이다. 자라기만 하는 소비가 밖으로 넘쳐흐를 때 자라려고 잘하는 생산은 안으로 더욱 깊어진다. 넘치는 겉모습은 언뜻 보기에 화려할 뿐 겉으로 드러나지 않는 속내를 끝까지 파고들 수 없다. 솔직한 유화 물감과 젯소가 덕지덕지 묻은 홍대생의 앞치마는 매끄러운 소비가 날로 노는 홍대에서 오히려 날로 나를 세우는 삶의 작품이다. 그렇기 때문에 나를 감춘 보호막을 하나하나 벗고 자랄수록 홍대 작업실 바깥 세계에서 잘해 나갈 발걸음이 한 걸음씩 가벼워진다.

남편　　정말로 작업만 하려고 홍대를 다니는 건데 그게 다른 친구들이 놀러 다니는 홍대랑 또 다르다는 거잖아요?

아내　　다르다? 그냥 사람들이 부르는 홍대가 홍익대학교가 아닌 것 같은데요.

남편　　예전에도 그랬나?

아내　　예전이 언제일까요? 홍대에 언제 왔

든지 모두가 다 하는 말이 있어요. 홍대가 예전에는 이렇지 않았다. 나만 해도 내가 경험한 고등학생 때와 대학교 4학년 넘어서 경험한 홍대가 너무 극적으로 바뀌었단 말이에요. 내가 고등학교 때 거기 왔다 갔다 하면서 봤던 거는 다 조용한 골목길이고 그중에 몇 개 있는 가게들이 다 뭔가 소울이 있는 가게들이었어요. 누가 봐도. 근데 이제 대학교 들어가고 나서 홍대가 점점 커진다는 느낌이 들었어요. 특히 홍대입구역을 가기 싫어했는데 그 이유도 생각해 보면 거기는 다 프랜차이즈니까 거기 있는 사람들도 나랑 많이 다를 수밖에 없었겠죠. 그리고 그때도 거기는 사람이 너무 많았어요.

남편   유행 일번지에서 학교를 다니는 게 좋기만 한 건 아니네요.

아내   그렇죠. 한편으로는 돌아다니면서

볼거리가 많은 게 좋을 수도 있겠지만 나는 별로였어요. 점점 어디로 가야할지 갈팡질팡하는 느낌만 들었죠. 홍대에 작업하고 싶어서 들어왔는데 정작 홍대는 계속 화려해지니까 나중엔 괴리감만 커지고 아예 밤늦게 아무도 없을 때 유령처럼 돌아다니게 되는 거예요. 저 사람들이 즐기는 홍대와 내가 다니고 있는 홍대가 다르다는 걸 그냥 받아들이고 인정하는 순간 학교가 뭐든 학교 앞이 뭐든 상관없이 좀 더 본격적으로 작업을 하기 시작한 것 같아요.

나를 나눈 홍대

물감 묻은 손으로 앞치마를 두른 채 화방까지 바르게 걸어가는 미대생과 다르게 나는 홍대를 음악 따라 딴따라 쏘다녔다. 미술가를 꿈꾸는 미대생이 한결같은 작업으로 홍대에서 바르게 자라났다면 음악가를 꿈꾸는 공대생은 정해진 궤도를 제멋대로 비틀어 홍대 속으로 빠르게 파고 들었다.

엔지니어로 공들인 산자락을 홀가분하게 떠날 생각에 한창 신이 난 2005년. 젊은 에너지가 밤새 모여 시끄러운 서교동보다 조용한 동교동에 홀로 집을 얻고 창작의 밤낮을 가리지 않는 나를 세상에 내놓았다. 이제 나는 예술가를 닮으려는 홍대 사람인가. 두꺼워서 무거운 공학책을 말끔하게 치운 책상 위에 더 크고 무거운 턴테이블 두 대를 올려 놓고 눈만 뜨면 힙합이든 하우스든 테크노든 클럽에서 틀 수 있는 모든 음악을 재료 삼아 공간의 리듬을 조율하는 연습을 했다.

홍익대학교 앞 클럽 골목에서 외국 음악을 날로 트는 디제이 꼬마는 하루하루 맞닿는 살이 달가운 이 도시를 마음껏 누렸다. 대도시 뒷골목 사이 언더그라운드 클럽을 가득 채운 젊은 열기는 어디서 어떻게 흘러와 왜 여기서만 모여 넘치고 솟아나는지 산속에 박힌 학교에 결코 없는 생기가 있었다. 손수 쌓은 음반 더미에서 고른 음악을 잘게 조각내 잘 섞고 놀아야 벌어먹을 수 있는 나는 일하는 나와 노는 나를 따로 떼어 둘 새와 셈이 없었다.

동네 곳곳에 음악 취향을 나눌 사람이 나날이 곱절로 늘어나니 음악을 더 깊게 즐기느라 공학에 공들일 시간이 그만큼 줄어들었다. 인류가 쌓은 음악의 질과 양은 공학이 쌓은 기술의 질과 양에 못지 않다. 공부할 음악이 너무 많은데 그 공부가 너무 재미있었다. 연습할 음악이 너무 많은데 그 연습이 너무 재미있었다. 내가 고른 음악과 함께 노는 사람들이 신난 상황 가운데 내가 놓여 있는 상황이 너무 신기했다. 턴테이블 위에 꽂혀 빙빙 돌아가는 판처럼 뱅뱅 돌아가는 세상 속에 빙글빙글 그저 빠져 아무 걱정 없이 잘 놀고 있었다.

2025년 12월 어떤 날 어떤 땅

홍대 미대에서 작업만 한 아내
홍대에서 날로 놀다 늙은 남편

아내　　　나는 학교랑 집만 왔다 갔다 하고 주로 학교 안에서 회화 작업만 했으니까 홍대에 살았어도 동네가 아주 작았어요. 그래서 디제이 뭐 이런 거 하는 사람들이 홍대 어디에 사는지 노는지 하나도 몰랐어요. 그런데 왜 홍대까지 놀러 왔던 거예요? 좋아서 들어간 공대에서는 디제이 그런 거 하면서 못 노나?

남편　　공학은 정답을 최적 경로로 찾아가는 과정이잖아요. 기계적으로 좌표 찍고 변수 모아서 함수로 정의하면 미래를 꽤 정확하게 계산할 수 있어요. 그런데 그때 학교에서 배운 동역학이 홍대에 나오면 바로 어그러지는 그 기분이 참 좋았어요. 큰 틀에서야 여전히 잘 들어맞겠지만 안으로 작게 파고들수록 도통 알 수가 없어지는 현실의 재미가 좋았달까. 소리도 춤도 사람 마음도 다 파동인데 이게 변수가 워낙 많으니까 입자보다 다루기 훨씬 어렵단 말이죠. 유체역학이 왜 어렵겠어요. 하여간 뭔 일이 어떻게 벌어질지 예측이 안 돼요.

아내　　정해진 답이 없어서 홍대가 좋았다?

나는 홍대를 작은 세상으로 살았지만 작업도 정해진 답은 없죠. 그래서 커요. 공학도 공부고 작업이니까 마찬가지 아니었을까요?

남편   깊게 들어가면 당연히 정답이 없을 거고 그래서 학이고 연구인 건데 그때는 뭐 그거를 알았나. 공대 4년 과정이라는 게 커다란 시스템 조각으로 빡빡하게 길들여지는 과정이라 할 게 너무 뻔해서 재미가 없었어요. 만날 두꺼운 책 속에 있는 문제만 죽어라 푸는 거야. 엄청 많이. 책은 또 왜 그렇게 두껍고 무거워. 그런데 홍대는 뭐가 많은데 나는 아무것도 아는 게 없어서 오히려 재미있었던 거예요. 나는 음악도 배운 적이 없으니까 뭔가 스스로 문제를 찾는 재미가 더 재미있는 거지. 이론은 머리로 어려워도 삶은 머리가 어려울 게 없잖아요. 재미있는 거 하고 열심히 살면 되니까. 공학적으로 보면 그때 그러고 논 게 비효율적으로 시간을 버린 거라고 단정해 버릴 수도 있겠지만 삶을 크게 보면 꼭 그렇지 않다고 지금도 생각해요. 사람이 기계가 아니니까. 놀아야 할 때 아주 잘 놀았어요. 미련도 없고 아쉬움도 없고. 공학이 실용 학문인데 학교 밖에서 이론을 직접 적용해 봐야지. 그때나 지금이나 이 태도는 앞으로도 계속 그대로 가지고 갈 거예요. 문제를 푸는 방법이 숫자에서 음악으로 바뀌었을 뿐이지 결국 내 삶을 내가 스스로 직접 디자인하고 싶었던 거니까요.

노는 일로 오늘이 즐거운 나는 나날이 하나로 솟구쳐 홍대를 흘러 넘치느라 바빴다. 금금금금금토일. 도시가 노는 밤의 리듬을 따라 삶의 호흡을 맞추고 나니 초중고등학교가 오랫동안 길들인 요일의 평일 감각이 서서히 몸에서 빠져나갔다. 그리고 그 박자를 따라 모두가 놀러 오는 큰길 위에 노는 일하러 가는 샛길을 내는 맛이 남달라서 참 좋았다. 남들이 출근할 때 퇴근하고 남들이 잘 때 깨어 있는 삶. 사실 어려서부터 꽤 진지하게 탐구한 꿈이었다. 그렇기 때문에 화려한 홍대 구석구석 길마다 길가를 헤매는 도시 유령이 곁에 있는 줄 몰랐고 알았어도 그 마음을 이해할 턱이 없었다.[12] 그 유령이 예술가로 자라려고 잘하려는 미대생의 고독한 마음인지 또 다른 홍대 알바가 낯선 노동이 싫어 게으른 마음인지 그때는 결코 알지 못했다. 노느라 시간 가는 줄 모른다는 말은 결코 실없는 농담이 아니다. 그때 나는 그렇게 잘 모르는 예술가를 알아 닮고 싶은 홍대 사람이었을까.

예술가로 자라려는 날라리 공대생은 올바른 미대생과 마찬가지로 홍대에서 잘하려고 했다. 앞치마를 두른 채 홍익대학교 속 미대 울타리 어두운 작업실에 스스로 가두지 않았을 뿐 홍익대학교 앞 언더그라운드를 동네로 길들이는 단순한 도시 리듬에 제대로 몰입하기 위해 한 순간도 음악을 생각하지 않을 수 없었다. 하

12   Virginia Woolf, *Street Haunting: A London Adventure* (Read Books, 2012).

지만 햇수로 4년 정도 흘렀을까. 어느 날 문득 돌이켜보니 큰돈 없이 작은 꿈을 잘게 이룰수록 느긋한 동네는 낯선 일터로 변하고 있었다.

　공기가 달라졌다. 돈 냄새가 짙어졌다. 아니면 내가 못 맡던 냄새를 그저 뒤늦게 맡을 수 있게 된 것뿐일 수도 있다. 낭만이 깊게 춤추던 자리에 낭만을 팔아 젊음을 얕게 거래하는 파티가 줄을 섰다. 노는 일을 날로 사는 나를 일로 나눈 댄스 클럽은 이제 젊은 예술가가 잘하려고 자랄 수 있는 땅속 언더그라운드로 솟아오르지 않았다. 지하는 더 이상 도시를 표현하는 음악 실험실이 아니라 도시를 몰래 달구는 짝짓기 농장으로 채워지고 있었다. 짝짓는 데 쿵 소리 쾅 큰 음악이 왜 필요한지 지금도 도통 모르겠다. 골목 건너편 어귀 삼거리 허름한 포장마차가 느닷없이 이름난 삼거리포차로 부풀어 오르기 시작했고 긴 줄 따라 줄 서기 좋아하는 뭇 젊은이가 이름 없이 성을 나눠 마구 몰려들었다.

　소박한 예술과 아무 상관없는 싸구려 소주

가 부어라 밤새 파도치는 홍대에서 예술가를 닮고 싶은 젊은 디제이는 오늘 급한 짝짓기를 부비부비 달구어 떠먹여 주는 서비스 알바 말고 작가로 반짝이는 작업할 시간을 점점 잃어 갔다. 아무도 찾지 않는 클럽에 버려져 아무도 모르는 음악을 혼자 트는 디제이는 속이 꽉 찬 음악을 주고받는 시간을 정성껏 되찾는 예술가가 아니다. 사람 바글바글 네모난 클럽에 구겨져 모두가 다 아는 뻔한 음악을 대충 트는 디제이도 속이 동그란 음악을 나누는 시간을 정성껏 되찾는 예술가가 아니다.

이제껏 내가 몰랐던 진짜 나를 찾은 것 같아 기뻤던 홍대는 이제 길바닥이 아니라 지하철 커다란 지도에 걷고싶은거리로 틀에 박혀 시간을 잃어버린 듯했다. 시스템이 허락한 자유는 시스템을 모르고 노는 착각 속에서 잠깐 어리게 맛볼 수 있을 뿐이다. 걸어서 고작 10분 정도 거리에 나만 몰랐던 생음악 술집이 콸콸 살아 있어 반가웠던 그 까닭이 바로 홍대가 때마침 나를

홍익대학교 앞에서 너무 어리게 나누어 버려 버
린 이 까닭 안에 고로 있지 않을까?

미도파

올바른 미대생이 아침을 작업으로 맞이할 때 나는 밤새 노는 일에 취해 잠들어 있기 일쑤였다. 아침을 오려 밤사이 흩뿌려 버리면 해가 잘 뜨지 않는다. 관공서가 잘 모르는 밥벌이는 비과세라 복지가 시원찮다. 하지만 나고 자란 서울과 다른 서울에 나를 날로 세우는 나날이 가슴 벅찼다. 비과세는 때때로 창의력을 자극한다. 없는 벌이를 찾아 없던 일을 벌이는 일이 하루 할 일이었다. 사람이 너무 많은 대도시는 사람이 너무 많은 탓을 운으로 끌어안고 해 볼 수 있는 일이 참 많다.

시작은 취미였다. 디제이. 디스크자키. 컴퓨터 기술이 끝없이 복제할 수 있는 디지털 음원 속으로 가치가 사라진 플라스틱 음반을 다루는 사람. 우리말로 판돌이라 풀어 쓰기 좋아했다. 팽이 돌리듯 판을 신나게 돌리는 사내아이. 시작의 씨가 붙은 곳은 홍대가 아니라 나고 자란 동네였다. 상계동. 맨땅에 권력을 자본으로 심는 나랏일이 네모나게 묶은 주공아파트가 못생겨서 죄송한 달동네를 밀어내고 서울 끝자리를 빼곡하게 채우고 있었다. 네모 다음 네모 다음 네모 다음 네모. 네모가 많아질수록 삶은 빈틈없는 만큼 재미없을 확률이 높아진다. 일찍이 삶의 불확정을 재미로 추어올리고 네모 안팎을 둥글게 탐한 꼬마였던 것 같다.

똑같은 네모 속에 저마다 다른 세계를 품고 돌아가는 판을 사 모으는 취미가 훗날 날라리로 자랄 싹수였다. 신도시 네모 한복판에 앞면을 유리로 둥글린 최신 백화점이 어느 날 크게 우뚝 솟았다. 미도파. 신기술 네모 갑갑한 엘리베이터보다 지그재그 눈이 즐거운 에스컬레이터를 타고 오르락 판가게를 빙글 둘러보고 내리락거리는 재미가 꽤 좋았다. 네모가 숨겨 놓은 미궁에서 보물을 찾아 헤매는 기분이랄까. 콤팩트디스크가 콤팩트하지 않은 바이닐 레코드를 밀어내고 진열대를 가득 채우고 있었다.

판가게에서 처음 사 가지고 집으로 곱게 모셔 온 콤팩트디스크는 먼지 하나 없이 깨끗하게 다루어야 마땅할 것같이 귀한 은빛이었다. 레이저가 표면을 스치며 디지털 신호를 읽는 기술이 말로 들으면 참 신기한데 궁금해도 속사정을 까 보고 이해할 도리가 까까머리 고등학생에게는 없었다. 마찰 없이 신호를 주고받는 완벽한 상태를 꿈꾸는 레이저 기술은 관람의 틈새를 허락하지 않았다. 하지만 그 야박한 플라스틱 조각을 플레이어에 밀어 넣는 순간 흘러나오는 소리를 충분히 이해하고 스스로 분류하는 재미에 곧 빠져 들었다. 콤팩트디스크로 실험할 수 있는 놀이는 오로지 듣기뿐이었지만 그때는 그 정도 자극만으로 삶이 충분했다. 만약 바이닐 레코드를 모아 가지고 기계와 삐끼삐끼 어울려 노는 재미를 조금 더 일찍 알았다면 더 빨리 학교 밖을 날았을지 모르기 때문에 한편으로 다행스러운 일이다.

한국문화서울 방송이 안테나로 잘 전파하지 않는 외국 음악을 자습하는 맛에 멋이 꽂힌 고등학생은 야간 자습이 어린 사람을 어림없는 네모로 잘라 가두려는 교실을 활짝 웃으며 거부했다. 생활의 모든 것과 편리함의 모든 것을 갖추었습니다라고 커다랗게 선전한 미도파(美都波)는 한글에 숨어 있는 한자에 숨어 있는 영자 뜻을 그대로 따라 메트로폴리스(美都波)로 나아가는 큰길을 파도처럼 활짝 열어 주었다.

밖으로 도드라진 백화점은 무슨 힘이 그리 거셌는지 땅속까지 파고들어 동네 교통 허브를 몽땅 끌어안았다. 음습한 유흥지구로 깨나 이름난 노원역을 떠나 4호선 전철을 타고 열 몇 정거장 정도 형광등 속에 찌그러져 있다가 드넓은 명동 가로등 사이로 흘러나오는 찰나 스치는 반짝 자유는 고등학생 꼬마를 충분히 자극하고도 한참 남아도는 대도시의 힘이었다. 정성껏 사모은 콤팩트디스크에 담긴 갖가지 소리는 나와 대도시 리듬이 공명할 수 있게 길을 열어 준 첫 시그널이었다. 사람이 너무 많은 미도파는 아무런 목적 없이 길을 나서면 사람이 너무 많은 탓에 어디로 어떻게 길을 낼지 아리송하다가 길을 잃어버리기 십상이다. 갈 길 먼 명동은 상계동보다 훨씬 많은 소리가 복잡하게 얽혀 있어 어지러운 대신 갈라진 길 하나하나에 담겨 있는 재미가 색달랐다.

미도파 노원점 지하에서 출발해 콤팩트디스크를 핑계 삼아 명동 거리를 골고루 지나 메트로미도파 명동점 꼭대기를 요리조리 찍고 돌아오는 모빌리티 사이클은 어린 몸에 적잖은 체력을 요구했다. 인터넷 기술이 아직 닷컴 버블로 불어 터질 새 없던 때라 명동 거리에 넘쳐흐르는 도시 물질 기호만으로도 충분히 인지 과부

하를 쾌락으로 인지하고 남아돌아 버릴 정보 양
으로 뇌를 학습시킬 수 있었다. 서울 중구 바깥
서쪽 서울은 아직 알 일도 없고 탐할 필요도 없
었다.

라디오

일요일 해질녘이었던 것 같다. 일찍이 아빠 차로 운전을 놀이로 즐기던 기계돌이 꼬마였다. 서울을 벗어나 해 뜨는 동쪽을 탐했던 바람을 잠시 멈추고 거꾸로 타는 46번 국도는 길이 좁고 차가 많은 대신 서쪽으로 지는 해를 앞으로 깔고 느린 색을 즐길 수 있다. 찰나와 찰나가 어떻게 얽혀야 사건으로 기억을 파고들 수 있을까? 해를 만나는 때가 좋아야 할까? 몸과 마음이 느긋한 조리개가 열려 있어야 할까? 평소 잘 듣지 않던 라디오를 그날따라 하필 그 순간 무심코 켰다.

핫. 둘. 셋. 넷. 셋. 구르는 돌을 끌어안은 오케스트라가 만족스러운 시그널. 정확한 시간에 유명한 디제이가 유명한 말을 뱉었다. 배철수의 음악캠프입니다. 왠지 귀를 기울이지 않고 흘려 들었다. 음반을 정성껏 모으는 꼬마였지만 음악보다 말이 많은 라디오를 찾아 듣지 않았다. 카오디오는 카세트테이프와 찰칵 궁합이 딱 좋다고 지금도 혼자 생각한다. 하지만 그날은 때마침 지는 노을과 함께 스렁스렁 흐르는 두 시간짜리 방송을 끝까지 다 들었다. 프로그램을 컴퓨터 말고 공중을 울리는 라디오에서 발견하고 귀로 이해한 첫날이다.

평일 생방송과 다른 녹음방송이었다. 그래서인지 두 시간 중 한 시간 형식을 다른 한 시간 프로그램과 다르게 짰다. 프로 디제이 배철수와 아마추어 디제이 청취자가 함께 한 시간 내내 음악 이야기를 핑퐁 나눴다. 아마추어가 선곡을 날리면 프로가 질문으로 받아 쳤다. 아마추어가 대답을 날리면 프로가 광고 듣고 오겠습니다로 받아 쳤다. 어떤 삶을 사는 시청자였는지 무슨 장르 음악을 골라 틀었는지 내용이 하나도 기억나지 않는 것으로 미루어 오로지 형식에 꽂혔던 것 같다. 주파수를 변조해 전국에 똑같이 복사된 디제이 배철수 목소리가 방송을 마무리할 때즘 알려준 청취자 참여 방법이 지는 해를 뚫고 머릿속으로 들어와 콱 박혔다.

찰나와 찰나가 어떻게 얽혀야 사건으로 온몸을 파고들 수 있을까? 라디오 소리가 미도파를 이미지로 불러내는 찰나 정통 힙합으로 한 시간 프로그램을 짤 생각이 들었다. 미도파에서부터 쌓기 시작한 꼬마 음반 탑을 샅샅이 헤쳐 모았다. 이거 다음 이거. 저거 다음 저거. 플라스틱 음반을 벽돌 삼아 테트리스 게임을 하면서 큰 흐름을 만들었다. 머릿속에 콱 박아 접어 넣은 참여 방법을 곱게 꺼내 펼쳐 가볍게 신청을 했다. 연락이 왔다. 피디는 아직 힙합을 다룬 적이 없어서 좋다고 했다. 꽁지머리 묶은 아저씨들이 꼬장꼬장 알아 모시는 선진국 음악은 여전히 구르는 돌 같은 록이었다. 힙합은 그저 요 외치며 장난치는 아이들의 요요 취급 받던 시절이었다.

배철수가 슈퍼 록 밴드 송골매를 전기 기타로 이끈 히피였다는 전설을 그때는 몰랐다. 그냥 한국에서 흔치 않게 콧수염을 길러 유명하나 마나 한 연예인 정도로 대충 알았을 뿐이다. 한국이 영국이나 미국만큼 다양한 록이 많이 굴러 다니는 큰 나라였으면 이 아저씨는 이 모양으로 붕 떠 연예가중계를 떠돌지 않고 계속 몽롱한 음악을 연주하는 히피로 살았을까? 아닐걸. 한국의 미도파 서울에 굴러다니는 자잘한 돌덩이들이 어쩌다 마주쳐 커다랗고 단단한 판을 잘 깔았아도 지금처럼 정신 똑바로 차리고 따뜻한 스튜디오 안에서 매끈하게 살길을 찾지 않았을까? 서울에서 풀 한 포기 자랄 여유 없이 가장 넓게 뜨거웠던 아스팔트 광장을 둘러싸고 금융으로 솟아오른 여의도는 아무리 나중에 커다란 공원을 숲으로 심어 숨통을 틔워

놓았어도 본성상 짐승처럼 자연스러운 히피와 어울리지 않는다.

서울에서 나고 자랐지만 여의도는 처음이었다. 그때나 지금이나 서울은 참 크다. 명동 밖에도 서울이 있고 종로 밖에도 서울이 있다. 심지어 한강을 건너도 서울이 있다. 네모난 건물 속 네모난 엘리베이터를 타고 보니 지금보다 덜 유명한 손석희 아저씨가 흔한 샐러리맨 양복을 네모나게 입고 옆에 서 있었다. 네모난 뉴스를 보고 듣지 않던 때라 큰 관심 없이 약속한 층에 땡 내렸다. 찾아올 장소와 시간만 전화로 알려 주었던 피디 아저씨가 흔치 않은 갈색 가죽 잠바를 걸치고 샐러리맨답지 않게 껄렁한 목소리 따라 훤칠하게 서 있었다. 어려서부터 많이 보아 온 동네 놈팡이 아저씨들과 스타일이 닮아 실망했지만 매너가 달라 희망을 찾았다. 이것이 상계동 놈팡이와 여의도 여피의 닮은 다름인가.

깨끗한 스튜디오에 들어가 수염이 깔끔한 배철수 아저씨와 반갑게 인사를 나눴다. 나는 한 번도 가 본 적 없고 무슨 말인지 이해할 수 없는 미국 정통 힙합을 소리로 깊게 듣던 꼬마라서 깔끔한 삭발이었다. 콧수염과 삭발 이야기로 바로 얼음을 깼다. 책상 위에는 내가 선곡한 힙합 트랙이 모두 네모반듯한 새 음반으로 준비되어 있었다. 와. 방송국에는 이게 다 오리지널로 있네. 요. 모은 돈을 아껴 모은 음반 더미의 몇 년 후 예정된 허무를 그때 조금 깨달았다. 뭐든 흔하면 가치가 떨어진다.

별다른 안내도 설명도 없이 바로 녹음을 시작하자고 했다. 키가 큰 피디 아저씨는 신문을 펼쳐 들고 남는 다리를 앉은 의자와 다른 의자 위에 툭 올려놓았다. 온에어. 커다란 전자 시계 속 반듯한 숫자가 초단위로 바뀌기 시작했다. 핫. 둘. 셋. 넷. 셋. 해 지는 경춘로에서 때마침 들었던 바로 그 시그널을 배철수 아저씨가 직접 손으로 틀었다. 그리고 마이크 가까이 입을 가져다 대고 나를 흘깃 바라보고 짧고 굵게 말했다. 배철수의 음악캠프입니다. 주파수가 안테

나를 타고 라디오로 흘러넘칠 때보다 크고 또렷한 날 목소리 아우라가 경쾌했다.

배철수 아저씨는 모든 장비를 혼자 직접 다루었다. 아. 저게 디제이구나. 피디 아저씨는 계속 신문을 읽고 있었다. 요. 저게 피디구나. 마이크와 마이크를 향해 방송에 나가는 이야기를 나누었고 시디플레이어로 준비한 음악을 하나 틀고 처음부터 끝까지 같이 들으면서 방송에 나가지 않는 이야기를 나누었다. 어려울 일이 하나도 없었다. 프로 디제이와 아마추어 디제이가 한 시간을 끊지 않고 날로 핑퐁 놀았다. 나이스 게임. 컴퓨터 프로그램과 달리 복잡할 일 하나 없게 만든 음악 프로그램이 지금까지 장수하는 가장 큰 이유를 그때 온몸으로 시원하게 느꼈다. 모르는 꼬마의 새 취향을 아는 그대로 모르는 그대로 그러려니 끌어안을 수 있는 아저씨들의 노련한 핑퐁 솜씨.

적어도 그날 음악캠프 스튜디오는 내가 머물던 산꼭대기 공대와 다른 법칙으로 돌아가는 우주였다. 건물 전체가 커다란 우주정거장 같이 외따로 솟아 외롭고 차갑기 그지 없는 그 꼭대기는 한번 들어가면 귀찮아서라도 밖으로 나가기 힘들어지는 데 더해 풀어야 할 어려운 문제는 곱절로 끝이 없으니 어떤 날은 옆에 사람이 있는지 없는지 모른 채 말 한마디 내뱉을 일 없이 하루가 후딱 지나가곤 했다. 그런데 깨끗하게 비워 둔 스튜디오 안에서 앉은 듯 누운 듯 음악 몇 곡 듣다가 말 몇 마디 얹고 밥벌이를 할 수 있다니 참으로 신기해서 기가 막힐 노릇이었다.

세상에 이렇게 날로 노는 직업이 따로 있구나. 아니다. 이렇게 날로 놀아야 오히려 인생이 스렁스렁 잘 굴러가는구나. 그래서인지 그날 배철수 아저씨가 방송에서 예고 없이 나에게 건넨 첫인사는 십 년 후 느닷없는 삶의 투기로 되살아났다.[13]

와. 권투선수 같아요. 그 묵직한 시그널이

---

13 홍성훈, 『몸 투기: 사람들은 왜 굳이 때리고 맞아가면서 권투를 하는가?』(이학사, 2017).

스스로 미끄러져 만들어 낸 의미는 정답만 요구하고 가르치는 세상을 향해 두 주먹 불끈 쥐고 맞서 싸우라는 일차원적 저항이 아니었다. 오히려 링 위에서 상대 선수가 애써 던지는 잽과 스트레이트를 스텝과 위빙으로 받아 피하는 권투 선수처럼 인생을 부드러운 리듬으로 노는 방법을 날로 노는 데 도가 먼저 트인 여피 디제이가 귀띔으로 알려준 것이다. 주어진 정답을 향해 오로지 빠르게 돌진하고 오늘 숙제 끝이 아니라 순간순간 날아오는 펀치를 받고 피하고 돌려주면서 날로 노는 호흡을 가다듬는 작업 시작. 그렇기 때문에 그날의 경험 그 자체는 곧바로 답을 찾을 길 없는 다음 삶의 답 모를 길을 찾아 알아서 잘 갈라져 나갔다.

스크래치

공학은 엔지니어가 발명한 기술을 큰 기계 속 작은 기계로 증명해 인류를 효율 속으로 해체한 역사다. 그렇기 때문에 효율이 사랑스럽고 자랑스러운 인류는 훌륭한 엔지니어가 정성껏 발명한 크고 작은 기계 덕분에 딱히 해야 할 몹쓸 일이 진짜로 없다. 사람이 못돼 사람을 막 부리지만 않는다면.

엔지니어는 기계 속 오차를 줄여 에너지가 최대한 손실 없이 최적 경로를 따라 흐르게 돌볼 뿐이다.[14] 마찰을 죽이고 저항을 지워 매끄러운 평형 상태를 저렴하게 만들고 싶은 엔지니어

의 바람. 그렇기 때문에 그때나 지금이나 세상
은 빨간 꽃 노란 꽃 꽃밭 가득 피어도 하얀 나비
꽃 나비 담장 위에 날아도 따스한 봄바람이 불
고 또 불어도 미싱 돌듯 잘도 도네 돌아간다. 세
탁기 통도 자동차 바퀴도 인공위성 궤도도 데이
터센터 발전기도 나눌 나 없이 아주 잘 돌아가
니 내가 똑같이 따라 돌고 또 돌고 또 따로 돌볼
일이 딱히 없다. 관악산 꼭대기 실험실에서 큰
기술 속 작은 기술을 날로 닦아 로케트 펀치 한
방 허공에 날리는 데 힘쓰지 않고 서울에서 날
로 노는 땅을 실제로 찾아 제대로 밟고 노는 데
애쓴 가장 큰 이유이자 핑계이다.

프롬 스크래치. 모든 길에 이정표를 따박따
박 세워 놓은 학교를 벗어나 골대 없는 맨땅에
서 헤딩으로 슛 때리고 노는 재미가 참 좋았다.
삐끼삐끼 스크래치. 다루는 악기 하나 없이 달

14　　Brunella Antomarini, "Translating Rationalism: Leibniz
and Cybernetics," *Cybernetics for the 21st Century*,
edited by Yuk Hui(Hanart Press, 2024), pp. 23-42.

랑 턴테이블 두 대에 플라스틱 음반 하나씩 올려놓고 장난치다 맨땅에 없던 음악 형식을 엉겁결에 발명한 뉴욕 디제이들이 남달리 남 같지 않아 참 신기했다. 공학이 삭제하려는 마찰과 역방향 흐름을 느닷없는 길바닥 예술로 살려 낸 이 황당한 장난질은 도대체 어떻게 큰 돈 없이 가능했을까.

놀랍다. 악기 말고 음반을 까불어 음악을 만들 수 있구나. 놀랐다. 그런데 나는 마침 음반을 좋아하잖아. 모으고 나누는 재미가 줄어들일 없었다. 게다가 네모난 컴퓨터 말고 동그란 음반으로 프로그램 짜는 손맛을 여의도 여피 아저씨들 덕분에 온에어로 시원하게 느꼈다. 이리 보고 저리 보아도 이리 와서 업고 놀 청춘의 불타오르는 창작 에너지가 두꺼운 공학책 더미로 높게 세운 건물에 갇혀 경주마 눈 가리듯 대기업이나 대학원만 바라보고 뺑뺑이 채찍 칠 까닭이 없었다.

12센티미터 콤팩트디스크에서 12인치 바

이닐로 판을 바꾸니 노는 판이 이어폰을 벗어나 스피커를 쾅쾅 울리며 온몸 구석구석이 한결 훤하게 트였다. 콤팩트디스크를 집어넣고 깊게 듣기만 하면 충분한 자동 기계와 달리 큼직한 음반을 손으로 직접 만지고 앞뒤로 삐끼삐끼 문지를 수 있는 데 더해 속도까지 조절하는 장난까지 더할 수 있는 수동 턴테이블은 그 자체로 음악을 조물락 빚어낼 수 있는 악기로 당당하게 변신했다. 뿐만 아니라 바이닐에 실제로 파여 새겨진 소리 파동은 온전히 전달해야 마땅한 기술 정보가 아니라 디제이가 손끝으로 빚는 예술 작품의 말랑한 재료로 멋지게 거듭났다.

와. 재미있네. 아무리 여러 번 생각을 곱씹어도 이 장난을 어쩌다 예술로 끌어올려 전 세계에 퍼트렸는지 자기들도 모를 뉴욕 디제이들의 해맑은 표정이 떠올라 그냥 웃겼다. 음반을 모으는 재미에 기계를 다루는 재미에 음악을 비비는 재미를 얹으니 당연히 음반 좋아하는 기계 항공공학 꼬마의 재미가 곱절로 거듭나 로케트 펀치 한 방 없이도 우주를 하염없이 탐할 수 있는 무한 동력으로 무럭무럭 솟아났다.

무얼 어디서 어떻게 시작해야 뉴욕 길바닥에서 어쩌다 싹 튼 예술을 비틀어 서울 판으로 새로 쓸 수 있는지 아무도 확실히 알지 못했고 알 까닭도 관심도 없었다. 그래서 스스로 공부했다. 매체를 가리지 않고 모은 정보를 크게 나눠 세 가지 훈련 프로그램을 짰다.

첫째, 음반 모으기. 그쪽 동네 말로 디깅이다. 중고 음반 더미에서 희귀한 음반을 뒤져 찾는 작업이 삽으로 땅 파는 막일과 닮아 붙은 이름이다. 골드 러시도 석유 시추도 빅데이터 분석도 모두 희귀해서 값비싼 무언가를 뒤져 찾는 디깅이다. 삽으로 땅을 잘 파면 언젠가 보물을 찾을 수 있다. 이것만 취미가 들어도 평생 심심할 일 없다. 지구를 다 덮을 수 있는 음악의 땅속에 숨어 있는 잊힌 소리를 발굴하는 작업은 과거 데이터를 현재 에너지로 재생하는 가장 공학적인 고고학이다. 먼지 쌓인 판가게 구석에서 찾아낸 낡은 판떼기 하나에 담긴 소리가 그저 좋을 때 그 골에 고여 버려졌던 시간이 아름다운 오늘의 멋진 음악으로 되살아난다.

둘째, 기술 깨기. 사피엔스로 널리 알려진 인류는 파베르이기도 해서 도구로 기술을 만들고 기술로 도구를 만든다. 들으라고 만든 12인치 바이닐과 틀으라고 만든 턴테이블을 엉뚱한 길바닥에 들고 나와 브레이크 댄스 한 판 벌이는 음악 도구로 만들어 낼 것이라고 어떤 사피엔스가 예측이나 할 수 있었을까? 올바른 엔지니어가 정직한 기계에 붙박은 원래 목적을 다짜고짜 벗어나 새로운 용도를 실험하는 창의적 오용은 혁신을 사랑하는 괴짜 엔지니어가 반드시 갖추어야 할 발명의 조건이다.

셋째, 레퍼토리 짜기. 음반도 좋고 기술도 좋지만 결국 디제이가 도맡는 작업은 음악으로 크고 작은 흐름을 만들어 사람과 사람이 어우러지는 순간을 노는 일이다. 모은 음반과 연습한 기술을 말랑한 도구로 묶어 다양한 레퍼토리를 짤 수 있어야 취향 따라 제멋대로 갈라지는 사람들을 겨우 묶어 한 판 신나게 놀아 볼 수 있다. 힙합만 따져도 캘리포니아와 뉴욕 스타일이 서로 어울리지 못하고 따로 노는 경우가 홍대에서 흔했다. 자기 동네 음악도 아니면서 왜 그러는 건지 나 원 참. 무질서한 날라리 에너지를 하나의 리듬으로 태워 무한까지 부풀리는 능력. 디제이가 기술을 넘어 예술을 탐할 수 있는 권리가 이 정밀한 기계적 판단에 감각적으로 달려 있다.

지나고 보니 나는 정해진 궤도를 안정적으로 돌고 또 도는 인공위성이 아니라 스스로 타오르며 궤도를 수정하는 혜성으로 마음껏 살고 싶었던 것 같다. 공학이 시대를 가로질러 널리 가르친 제어는 외부 입력에 흐트러짐 없이 반응하는 견고한 시스템이라 깔끔하게 아름답다. 하지만 내가 홍대 길바닥에서 기계 학습한 변증법은 손끝의 미세한 떨림으로 세상 회전수를 비틀어 불확실하게 노는 꿈을 기계로 나누어 소리로 다시 쓸 수 있어 까칠하게 아름다웠다.

턴테이블로 스크래치를 삐끼삐끼 만들 때 손가락에 전해지는 묵직한 마찰은 시스템이 프로그램으로 박아 놓은 속도를 자유롭게 가지고 노는 착각을 잠시나마 불러일으켰다. 깨끗한 정보로 끝내 처리되지 않는 노이즈가 이리저리 찢어 내는 소리 속에서 나는 오히려 나눌 나를 제대로 만나 아쉬울 새 하나 없는 오롯한 나로 홍대 가득 살았다. 비록 그 탓에 A+ 빛나는 창의공학설계도를 완성할 시간을 공대에서 잃었지만 날로 노는 나를 찾기 위해 반드시 치러야 했던 그 찰나의 찰나야말로 진짜로 사람다운 젊은 날이 아름다운 꿈 프롬 스크래치였다 아니 할 수 없다.

2025년 12월 어떤 날 어떤 땅

홍대 미대에서 작업만 한 아내
홍대에서 날로 놀다 늙은 남편

아내　나는 홍대에서 연필로 스케치 하느라 잘 몰랐는데 홍대에서 음악으로 스크래치를 내는 건 어떤 느낌이었어요?

남편　스케치가 하얀 종이 위에 없던 선을 그려 넣는 거라면 스크래치는 이미 매끄럽게 완성된 세상에 일부러 흠집을 내서 새로운 틈을 만드는 기분이랄까? 사실 효율로만 따지면 결과값은 쓰레기랑 다를 게 없죠. 공학은 에너지를 한 방향으로 매끄럽게 흐르게 만들려고 평생을 고생하는 학문일 텐데 홍대 언더그라운드는 에너지가 사방으로 튀고 엉키고 난리도 아니거든요. 그런데 그게 진짜 재미있는 거야.

아내　그렇게 따지면 공대 나와서 홍대에서 잘할 수 있는 게 별로 없겠네요?

남편　그래서 공부를 일부러 안 했나? 그

때 공대에서 자잘한 오차 잡으려고 밤을 새울
에너지를 아끼고 아껴 가지고 그 오차를 확 키
워서 스피커 쾅쾅 울리고 노느라 홍대에서 밤
을 꼴딱 새웠던 거죠. 아무도 안 시켰는데 말
이야. 왜 그런 일은 꼭 밤에 벌어질까. 턴테이
블 바늘로 레코드 긁을 때 나는 잡음이나 사람
들이 술에 막 취해서 내뱉는 괴상한 소리가 다
시스템 입장에서는 노이즈일 거란 말이에요.
그런데 언더그라운드에서는 오히려 그걸 잘
살려서 메인 시그널로 쓰고 또 그런 게 멋있는
작품으로 뭉쳐서 에너지를 뿜어내니까 그동
안 몰랐던 세상 참 신기하고 재미있었던 거죠.

아내　　　미술에서도 우연한 실수가 좋은 작
업으로 발전하는 경우가 꽤 있으니까. 그런 작
업 아이디어가 떠오르는 순간 드는 기분 아닐
까요?

남편　　　맞아요. 바로 그거예요. 불확실한 게

작업이나 삶이나 자유도가 높아 재미있죠. 실수도 너그럽게 끌어안을 줄 알고. 그런데 현실에서 막상 디제이랍시고 뭐뭐 이름 걸고 밥벌이로 판을 오래 돌리다 보면 홍대 일도 다른 일과 마찬가지로 확실한 기계처럼 단순하게 돌아가는 거 같아요. 그래도 처음에는 내 발로 찾은 홍대가 그렇지 않다고 착각했겠죠. 적어도 모던 타임즈 같은 클리셰 따라 딱딱 맞아 돌아가는 시계를 어그러트리는 시간만으로 하루를 사는 재미가 있었달까? 결국 커다란 기계의 부품으로 쓰이는 건 마찬가지인데. 좀 이상한 부품이기는 하겠지만. 그래도 시키는 그대로 돌아가는 톱니바퀴가 아니라 제멋대로 이 커다란 도시를 조절해 보려고 뭔가를 비벼 대는 에너지가 좋았던 거 같아요. 그러니까 다들 누군지도 모르면서 서로 신나서 노느라 땀을 뻘뻘 흘릴 수 있었던 거고. 우리가 모르는 초특급 엔지니어가 설계해 놓은 확실한 목적지 같은 건 홍대에 있을 수가 없다. 날로 놀다 놀다 놀다 날로 취하는 순간이 있을 뿐이다. 그래서 그때가 언제일지 절대 미리 설계하거나 디자인할 수 없다. 뭐 이런 착각들.

아내　　착각이 아닐 수도 있죠. 그래도 홍대는 뭔가 부족하거나 어그러져 웃긴 걸 멋으로 알고 찾아오는 사람들이 계속 있잖아요.

남편　　꼭 홍대가 아니라 지구 어디에 살더라도 사람이 평생 효율만 따지면서 기계처럼 딱딱 맞춰 일만 할 수는 없잖아요. 그런 알바는 기계가 아주아주아주 잘하는 거고 쉬지 않는 기계가 쉴 새 없이 정확하게 해내고 있어서 지금도 충분해요. 사람은 기계가 아니잖아. 예술가처럼 작업을 해야죠. 기계가 아무리 발전해도 사람의 실수를 흉내 낼 수는 없을 거고 굳이 그런 기계를 만들 필요도 없고. 어떤 날은 노이즈가 시그널인 홍대 같은 동네에서 전화를 잘못 걸어 망하는 맛도 보고 비효율의 끝

의 끝에서 세상 쓸모없는 시끄러운 소리도 목
청껏 지르면서 날로 놀 수 있어야 사람 숨통도
트이고 살맛도 나지 않겠어요?

대화 하나—언제니

2025년 12월 어떤 날 어떤 땅

홍대 미대에서 작업만 한 나
홍대에서 날로 놀다 늙은 나

나　　그래서 누구에 대해 쓴다고요?

나　　누구? 누구냐고 물으면 홍대 알바라고
답해야겠죠. 그런데 그 누구니 이렇게 묻는 게
별거 아닌 질문 같아도 사람을 딱 땅 한 평에
가두고 못 박아 버리는 아주 무서운 말이에요.

뭐 한 평 땅이라도 나눠 주고 가두면 차라리 나을 수도 있어. 그런데 아니라고. 이거는 어떻게든 사람 하나를 그냥 별 이유 없이 정해진 틀에 끼워 맞추려는 질문이에요.

나　　누구? 누구니? 이렇게 묻는 게 뭐 그렇게까지 무서운 질문인가. 나처럼 학교에서 성실하게 작업만 했던 사람에겐 오히려 그 질문이 가장 확실하고 정확한 자리를 짚어 주는 것 같은데요. 홍대 알바. 그 사람들은 이게 잘 안 맞는다는 거죠?

나　　홍대 알바는 내가 지어낸 말이지만 그런 사람이 정말로 있다 치고. 누구니? 이렇게 물으면 나 예술가야 바로 답할 수도 있어요. 그런데 막 떳떳하지는 않거든. 그래서 대부분 홍대 알바는 아마 이렇게 받아칠 거예요. 잘 알잖아. 예술가로 꼭 자라야만 하는 건 아니라는 거. 아니면 이렇게. 예술가로 꼭 잘해야만 삶이 성공하는 것도 아니잖아. 괜히 찔리니까 말을 앞뒤에 붙이는 거죠. 그런데 이 문답을 다시 잘 생각해 보면 우리는 그동안 이 젊은 친구들이 뭐하는 사람들인지 이해하거나 설명하려고 무의식적으로 장소를 끌어다 썼어요.

나　　장소를 끌어다 써요? 장소가 확실해야 그 사람을 똑바로 이해할 수 있잖아요?

나　　넌 누구니? 사람 하나 정체를 붙잡아 보려는 이 물음은 사실상 하나로 정체하기 어려운 흐름을 일부러 툭 끊어서 어딘가 고정하는 물음이나 다름없어요. 넌 어디니? 이렇게 장소로 묻는 거죠. 말 속에 우리가 모르는 말이 이미 들어 있달까. 그러니까 곧바로 예상할 수 있는 대답은 늘 이 땅 아니면 저 땅 그렇게 서로 대립해요. 나 일하는 곳이야. 나 노는 곳이야.

나　　그게 깔끔하지 않나요? 일하는 곳과 노는 곳을 확실하게 나누는 가장 기본적인 약속을 만들어야 지금 이렇게 많은 사람들이 모여 사는 대도시가 고장 나지 않고 잘 돌아갈 수 있지 않겠어요?

나　　관료적으로는 그렇죠. 규칙을 만든 주인이 누군지도 모르고 주어진 관습을 주 52시간 잘 따를 때 일하는 곳과 노는 곳을 장소로 분리하는 건 하나도 어려울 게 없죠. 출근해서 노동하고 퇴근한 다음 여가를 즐긴다. 아침 9시와 저녁 6시를 경계로 공적 사적 장소를 칼로 자르듯 딱 나눈다. 그 계산법이 현대 도시를 지탱하는 가장 중요한 약속이니까요. 그런데 날로 노는 홍대가 그 틀로 설명하기 어려운 거는 홍대 알바가 꽤나 자주 이곳저곳 떠돌면서 제멋대로 장난치고 노는 일하는 베짱이라는 거죠. 놀면서 일해. 일하면서 놀아. 뭐 이

런 대답이 나오죠. 그러니까 알바를 하는 카
페 구석 자리가 다음 공연을 상상하는 무대 뒤
대기실이 될 수도 있고 밤새 술에 취해 춤추는
지하 클럽이 새로운 창작 아이디어를 고민하
는 연구실이 될 수도 있고.

나　　장소가 딱 정해 놓은 목적을 막 따르지
않는다.

나　　맞아요. 장소가 달아 놓은 이름표가 고
정한 목적을 그대로 따르지 않고 그곳을 어쩌
다 통과하는 자신만의 리듬에 따라 제멋대로
장소의 성격 자체를 비틀어 버리는 거예요.

나　　일과 놀이가 섞이는 거네요. 일부러 섞
　　　는 건가?

나　　그래서 누구니? 어디니? 이런 질문도
안 중요한 건 아닌데 그것보다 그 안에 숨겨진

진짜 질문을 발견하는 게 엄청 중요해요. 그러면 이게 이 세상 질서가 완전히 달라져요.

나　아이고. 그렇게 엄청나기까지 한 질문이 뭔데요?

나　언제니? 시간으로 묻는 거예요. 이렇게 물으면 그동안 딱딱한 장소에 못 박아 잘못 물어봐서 엄한 사람 분열자로 만들고 괴롭혔던 그 고통이 말끔하게 사라진단 말이죠.

나　에이. 뭐야. 그게 말이 되나?

나　그럼요. 이 말을 그동안 잘 안 써서 어색한 거지 오히려 누구에게나 자연스러운 말일 수 있어요. 누구니? 언제니? 이어서 물어보면 장소는 사람을 나로 나누어 가둔 다음 분류하려 들지만 시간은 사람을 나로 풀어서 흐르게 해요. 그렇기 때문에 홍대에서 날로 놀면서 일하는 알바들은 어떤 시간에는 노는 사람이었다가 어떤 시간에는 일하는 사람으로 정체 없이 흐르며 변신하는 나의 나들이에요. 그렇게 여기저기 솟아오르는 나들이 날로 노는 홍대를 나들이하듯 놀고 살고 있을 따름인 거죠.

나　　언제나 나들이하는 나들이라니. 재미가 없진 않네요. 그렇게 홍대에서 알바로 하루하루 살다 보면 어디에 있는지 별로 안 중요할 수 있겠어요. 내가 지금 카페에서 설거지를 하고 있어도 내 머릿속에서 아까 떠오른 멜로디가 계속 맴돌고 있으면 나는 음악 하는 시간을 살고 있는 거니까. 장소가 어디든 신경도 안 쓰겠네요.

나　　맞아요. 댄스 클럽에서 한창 뜨겁게 파티 음악을 틀고 있는 순간에도 다음 달 급한 월세 때문에 알바 하나 더 구할 걱정하고 있으면 그건 일하는 시간인 거고. 넌 홍대 가서 예술가 한다면서 왜 알바만 하니? 보통 사람들이 이렇게 물으면서 사람을 이곳 아니면 저곳 둘 중 하나로 몰아넣으려고 하죠. 그건 사람을 있는 그대로 이해하는 게 아니라 장소에 묶여 있는 무언가로 오해하는 거예요. 아침엔 성실한 알바 저녁엔 꿈 많은 예술가 새벽엔 자신 있는 주정뱅이로 계속 돌고 도는 하루가 전혀 부끄러운 분열이 아니라 크게 솟구치는 파도 같은 시간을 타고 사람이 자연스러운 삶으로 흘러가는 거라고 생각하면 세상이 달라지죠.

나　　예술가 입장에서도 세상은 둘로 딱 쪼개지는 게 아니라 여럿이 솟구쳐 흐르는 것으로 보는 게 자연스럽죠. 출퇴근이 따로 있는 것도 아니고 이 세상이 어떻게 보면 다 작업으로 품을 수 있는 큰 작업실이니까.

나　　안전한 학교나 회사 같은 곳에 고정되

지 않고 계속 흐르니까 피곤할 것 같죠? 절대 그렇지 않아요. 가만히 놓고 있으면 시간은 알아서 흘러가는 거라서 오히려 피곤할 일이 없어요. 그렇게 제멋대로 흐르는 나눌 나들이 모여서 이 동네에 거대한 소용돌이를 만드는 거니까. 잘하려고 애쓰거나 자라려고 기를 기꺼이 쓰기보다 그때그때 건강하게 제때 잘 알아서 제멋대로 잘 흐르는 거. 인류(人類)가 아니라 인류(人流)로 살아 도통하는 거. 그게 날로 노는 홍대에서 안 지치고 진짜 재미있게 노는 일하는 나로 계속 잘 사는 방법일 거예요.

나　　사람이 흐른다. 만날 그 소리. 그래서 이 책을 언제 다 쓴다고요?

권헌익, 「전생에 맺은 사회관계: 신화분석과 비교문화」, 《한국
    문화인류학》 32-1.

마르셀 프루스트, 김희영 옮김, 『잃어버린 시간을 찾아서 13:
    되찾은 시간 2』(민음사, 2022).

홍성훈, 『몸 투기: 사람들은 왜 굳이 때리고 맞아가면서 권투를
    하는가?』(이학사. 2017).

Brunella Antomarini, "Translating Rationalism: Leibniz and
    Cybernetics," *Cybernetics for the 21st Century*,
    edited by Yuk Hui(Hanart Press, 2024).

Ferdinand de Saussure, *Course in General Linguistics*,
    translated by Roy Harris (Open Court, 2009).

Hannah Arendt, *The Human Condition*(The University of
    Chicago Press, 1958).

Helga Nowotny, *Time: The Modern and Postmodern
    Experience*, translated by Neville Plaice(Polity

Press, 2005).

Henri Lefebvre, *The Urban Revolution*, translated by Robert
     Bononno(The University of Minnesota Press,
     2003).

Jacques Derrida, "Différance," *Margins of Philosophy*,
     translated by Alan Bass(The University of
     Chicago Press, 1982).

Karl Marx, "Economic and Philosophic Manuscripts of
     1844," *Karl Marx Frederick Engels Collected
     Works* Volume 3, translated by Martin Milligan
     and Dirk J. Struik(Progress Publishers, 1975).

Karl Smith, "From Dividual and Individual Selves to
     Porous Subjects," *The Australian Journal of
     Anthropology* Vol. 23(2012).

Martin Sökefeld, "Debating Self, Identity, and Culture in
     Anthropology," *Current Anthropology* Vol. 40,
     No. 4(1999).

Virginia Woolf, *Street Haunting: A London Adventure*(Read
     Books, 2012).

Walter Benjamin, *The Arcades Project*, tranlated by
     Howard Eiland and Kevin McLaughlin(Havard
     University Press, 2002).

대담—누구니? 언제니?

홍성훈,
김이향(리카),
송재홍,
김세영

세영　연구자의 이야기가 들어간 학술서를 늘 내고 싶었어요. 연구자 자신이 도구가 되어 현장연구를 하는 인류학이라면 가능하지 않을까? 인류학 시리즈를 만들자. 이런 생각과 함께 첫 번째로 떠올린 저자가 홍성훈이었어요. 학계, 학회, 학술지의 문법에서 벗어나 상업출판을 함께하면서 새로운 앎을 한번 찾아보자는 게 이 프로젝트의 목표인데요. 대학 때 만난 홍성훈이 교수와 대학원생 사이의 위계와 보수적인 분위기에 거부감이 있는 사람 그리고 그걸 표출하는 사람이라는 기억이 남아

있어서요. 지난해 여름 홍대입구역 8번 출구
에서 만나 이야기하면서 꼭 맞는 사람을 찾아
갔다고 생각했어요. 세 번째인가 홍대에서 만
났을 때 시리즈 이름으로 '땅'을 제안해 주셨
죠.

성훈　　아 그런 이미지로 팔렸던 건가요? 저
는 그냥 생긴대로 사는 것뿐인데 그걸 좋아하
고 거기에 대리 만족하는 으르신들이 가끔 있
어서 학교와 계속 얽히는 것 같습니다. 불과
몇 년 사이 미친듯이 휘몰아친 기술 혁명 덕분
에 세상이 완전히 바뀌었으니 이제 학교와 학
술을 나누어 생각하고 새 길을 찾을 때가 온
것 같습니다.
제가 제안했나요? 행복하고 넉넉하게 살 궁리
를 늘 하는데 지금 지구는 한국뿐만 아니라 어
느 곳도 그러하지 못하고 있는 것 같아 고민을
하다 보니 땅이 문제라는 자체 진단을 했고 학
술뿐만 아니라 사업이나 예술 등 다양한 형식

을 총동원해 해결책을 만들어 실험하고 있었습니다. 그러다가 김세영 편집자가 갑자기 나타났고 늘 그렇듯이 저는 제 얘기를 했을 거고 그중에 김세영 편집자가 땅에 특별히 꽂혔던 게 아닐까 생각합니다.

세영 프로젝트 작업 과정이 어땠는지 궁금해요. 혼자 책 쓰기가 어려우니까 모여서 해보자. 셋이 모여 각자의 책을 함께 쓰자. 이 시리즈의 또 다른 목표이기도 했어요.

성훈 혼자 쓰는 게 더 쉬운 거 아닌가.

세영 혼자 쓰는 게 더 쉬웠나요? 2017년에 『몸 투기』를 내셨죠.

성훈 혼자 쓰면 쉽고 모여서 쓰면 어렵고 딱 나뉘는 문제가 아니라 이번 작업은 아예 팀 작업이 아니고 개별 작업인데 개별 작업이 연결되면서 서로 닮아 가고 있잖아요. 결과적으로 『다음 리카에게』의 마지막 장도 나는 '언제니'로 읽히고. 송재홍 글도 점점 닮아 가고 있고. 제 글도 형식이 많이 바뀌었고. 아마 편집자의 무의식적 욕망을 우리가 따라가는 거긴 할 텐데. 서로 다른 여러 의미가 꼬리에 꼬리를 물면서 닮아 가고 또 제멋대로 잘하려고 자라나는 작업이라고 할 수 있겠습니다.

세영 함께 쓰는 동안 날로 새로워졌어요. 두 분은 『날로 노는 홍대』를 어떻게 읽으셨어요?

리카 솔직히 말해 저는 홍대를 그다지 좋아하지 않아요. 홍대에 대해서는 한국에 거주하기 시작한 초기부터 분명한 불편함을 느껴 왔거든요. 아마도 책에 등장하는 인물들처럼 예술가를 꿈꾸며 정체성을 분열시킨 채 무언가에 몰입할 수 있는 대상이 저한테는 없기 때문인 것 같아요. 그런 공기가 짙게 남아 있는 공간에 들어가면 열정에 압도되어 숨이 막히는 동시에 부러움도 느끼게 됩니다. 아마 그 양가적인 감정 때문에 홍대를 의식적으로 피하게 되었던 것 같아요.

성훈　　양가적이지 않은 데 더해 합리적이지도 않아야 홍대에서 젊음을 불사를 수 있는 것 같아요. 불나방처럼 불만 보고 날아가는 삶. 제가 학술로 구축하고 있는 세계관의 핵심 동력입니다. 투기.

리카　　그런데 최근 들어 저한테 홍대가 더욱 낯설고 싫어진 이유는 그 양가적이지도 합리적이지도 않은 말하자면 '젊은 늙은이'마저도 홍대에서 사라졌다는 사실 때문이에요. 적어도 코로나 이전까지의 홍대에는 예술가를 꿈꾸는 사람들의 온기와 언더그라운드적인 기운이 남아 있었다고 생각해요. 그러나 지금의

홍대는 다른 도시들과 크게 다르지 않은 유흥
가로 변해 버린 인상을 줍니다. 원래 홍대를
별로 좋아하지 않았으면서도, 젊은 늙은이가
유령이 되어 버린 지금 홍대가 더 아쉬워요.

성훈　　그게 홍대에서 계속 반복되는 이야기
예요. 알바 친구들도 홍대에서 몇 년 살고 나
면 늘 같은 이야기를 해요. 내가 홍대 처음 왔
을 때는 홍대가 안 이랬는데. 그러면 제가 이
렇게 대답해요. 당연하지. 온 지 좀 됐잖아. 홍
대뿐만 아니라 다른 곳도 아마 크게 다르지 않
을 거예요. 사람들이 어딘가 처음 가면 신선했
다가 몇 년 지나면 익숙해지기 마련이잖아요.
동네가 바뀌기도 하고 내가 바뀌기도 하고. 판
타지가 리얼로 깨지는 거기도 하고.

리카　　『날로 노는 홍대』가 '홍대 미대에서
작업만 한 아내'와 나누는 대화로 시작하는데,
'홍대에서 날로 놀다 늙은 남편'과 처음에 상

반되게 느껴졌어요. 그런데 읽을수록 두 사람이 거울처럼 서로를 비추고 있다는 느낌이 들어요. 홍대라는 땅이 서로 다른 사람들을 하나의 정체성으로 흡수해 가는 과정이라고 느꼈거든요. 그런데 이 글 자체가 희망적으로 다가오는 게 아니라 절망적으로 느껴졌어요. 왜냐하면 날로 노는 사람도 미대에서 열심히 작업한 사람도 이제 홍대의 주인이 아니라는 사실 앞에서 그럼 어떻게 살아갈 것인가 하는 의문이 남았거든요.

성훈　　앞뒤에 배치한 부부가 나눈 대화의 시공간을 '어떤 날 어떤 땅'이라고만 해 놨어요. 그러면 사실상 아내랑 나는 유령인 거죠. 이미 죽은 상태예요. 홍대에 가서 이제 할 게 없어요. 딱히 우리가 같이 재미 있을 거리가 거기에는 이제 없는 거죠. 그래서 이번에 이 책을 쓰고 홍대와 반갑게 안녕 하는 거죠. 슬플 일은 아니에요. 사람은 다 때 되면 죽는 거고. 책에도 흥망성쇠 이야기를 썼고.

처음 대화에서 둘이 나눠져 있던 게 마지막에 가서 하나가 되는 게 맞아요. 그러면서 누구니 여럿이 언제니 하나로 흘러가는 게 이 책의 주제이기도 하고요. 홍대 알바를 누구니로 물으면 일과 놀이로 나뉘는 게 언제니로 물으면 노는 일로 그냥 흐르게 되듯이 아내와 나도 작업만 하는 사람과 놀기만 하는 사람 이렇게 완전히 다른 사람인데 부부로 살면서 사이 좋게 닮닮아 갈 수밖에 없기 때문에 결국 부부 하나로 흐르게 되는 거죠.

재홍　　미대 작업인과 공대 길사람의 대비가 깊고 솔직한 예술로 만나는 것이 참 좋았습니다.

리카　　사람한테 누구니도 어디니도 아닌 언제니라고 묻는 발상이 신선하긴 했어요.

성훈　　　나도 내가 만들어 놓고 늘 신선하다고 생각하는데 막상 이 물음에 대해 엄밀하게 논증하려면 너무 어려워요. 그런데 이 물음으로 세상을 다시 바라보면 그 전에는 굉장히 이해하기 어려웠던 사람들의 행동을 아주 쉽게 이해할 수 있는 경우가 많아요. 홍대 알바가 그 사례이고.

나는 리카 영화「이방인의 텃밭」에도 이 언제니라는 물음이 씨앗처럼 있다고 생각해요. 감독이 의식한 건지 모르겠지만 시간에 대해 많은 생각을 하게 해요. 이번 책에서 그 싹이 좀 튼 것 같고.

시작은 늘 누구니잖아요. 누구니라고 물어볼 때의 상식적인 대답은 이제 어디다를 얘기하기 마련이죠. 나 한국이다. 나 일본 사람이다. 자이니치도 일본에 있다라는 뜻이라고 했잖아요. 시간으로 바꿔서 물어본 적이 없는 거죠. 차원을 다르게 하든 관점을 다르게 하든 이렇게 물어보는 방법이 있다.

리카라는 개체 자체가 복잡해서 누구니로 물
으면 굉장히 어려워지는데 언제니로 물으면
바로 대답할 수 있어요. 다음 리카에게. 새로
운 길을 제시하는 거예요. 리카는 일본도 한국
도 아닌 리카 시간을 따라 계속 흐른다. 자이
리카(在里香). 그러면 식민지 역사에 어쩔 수 없
이 끼어서 그렇게까지 고통스럽지 않아도 되
잖아요.

세영　이 책에 등장하는 '홍대 알바'에 대해
친구한테 말했더니 이태원에서 일하는 자기
친구들이 '이태원 알바'가 아닌가 싶어서 슬
퍼졌다는 거예요. 저는 정규직으로 일하고 있
지만 이 책에 나오는 홍대 알바가 저이기도 하
다고 생각했어요. 재미없는 일은 하기 싫고 똑
같은 일을 해도 멋져 보이고 싶고 나처럼 책을
좋아하는 취향 맞는 사람들과 함께 일하고 싶
어하고.

성훈　　　공장에서 열심히 일하는 친구들도 많은데. 어디서 술이나 퍼 먹고. 뭐 하는 놈들이야. 홍대 알바를 이런 식으로 얕잡아 말하면 세상 모자라고 쓸모없는 인간들이 되는데. 사실상 이 친구들이 대도시를 자기도 모르게 열정적으로 이끌어 가고 있어요. 대도시가 커다란 공장이라면 공장 어디 날라리 창고에서 열심히 일하고 있는 셈이죠. 이 친구들이 없는 곳은 대도시가 아니에요. 지금 제가 있는 핀란드 라우마에는 그런 친구들이 없어요. 근데 헬싱키 가면 있어. 일본 가도 어디 지방 가면 없어. 근데 도쿄에는 있어. 그래서 저는 홍대 알바를 대도시의 필수 조건이자 동력이라고 포착하고 그 친구들에 대해서 제대로 물을 수 있는 방법이 뭘까를 계속 고민했던 거죠. 처음에는 그냥 특이하게 멋부리는 사람들 정도로만 생각했어요. 그런데 그 동네에서 이제 늙은이가 되어 버렸고 어린 친구들이 계속 나타나고 비슷한 말이랑 행동을 하니까 세대가 반복

되는 걸 확인했죠. 그러면 보편적인 거예요. 알바를 넓게 정의하면 나도 홍대 알바인 거고. 현재 고용 구조는 대부분 이 홍대 알바를 닮아 가고 있죠. 학술장에도 서울대 알바라는 말을 써도 어색하지 않을 거예요. 학교 안에서 알바만 하고 딱히 공부를 안 하는 것 같아요. 공부를 열심히 하면 밥을 굶어 그러니까 안 해 그렇다고 공부 냄새 나는 알바를 해서 돈을 돈답게 버는 것도 아니야. 근데 이게 또 한국만의 문제는 아니고 세계 공통이라서 학교 탓 회사 탓 나라 탓 한다고 될 게 아니고 고용을 책임지지 않으려는 시스템 혹은 더 이상 고용을 책임질 수 없는 시스템을 있는 그대로 이해하는 질문으로서 계속 시간을 잡아 내야 되지 않나 그런 문제 의식을 오래 가지고 계속 제 삶을 실험하고 있습니다.

리카　그렇다면 가로수길, 문래, 성수, 이태원과는 다른 홍대의 특징은 뭔가요?

성훈　　홍대라는 기표가 굉장히 세요. 그래서 이 책에 홍대 미대에 대한 이야기를 썼죠. 성수와 가로수길에는 미술이라는 뉘앙스가 없잖아요. 홍대라는 글자가 담고 있는 예술가처럼 이상하게 멋있는 사람이 모이는 곳이라는 이미지. 그게 뭐가 됐든 그게 좋아서 그거를 좇아서 오는 젊은 친구들이 어쨌든 계속 있다는 게 결정적 차이일 거예요. 가로수길, 성수 결국 다 같은 럭셔리 압구정 맥락일텐데 계속 이 동네 저 동네로 불씨가 옮기는 건 멋 부리는 젊은 친구들 양이 한정되어 있으니까 이 동네 저 동네로 계속 주식 단타 치듯이 옮겨다닐 수밖에 없겠죠. 홍대는 돈을 많이 써야 멋이 나는 압구정 맥락이랑 다르게 좀 거지 같고 불량하게 예술하는 이런 걸 멋으로 치는 이상한 동네라 게임의 규칙이 복잡하고 어려워요. 불량미라고 제가 다음 작품에서 다룰 건데 서울에 이런 멋으로 경쟁하거나 투기할 수 있는 마땅한 대안이 없어서 홍대가 계속 커지고 있는 것 같아요. 문래가 예술창작촌이라는 간판을 억지로 달아 놓았지만 문래 기표에 홍대처럼 예술이 자연스럽게 딱 박혀 있지 않단 말이에요. 이태원은 이랬거나 저랬거나 미군과 뗄 수 없는 식민지 역사가 중요해서 멋이나 예술로 동네를 대표하기 쉽지 않을 것 같습니다.

재홍　　디제이로 일했던 곱창전골의 모습을 보여 주는 대목이 재미있었어요. 사람들이 살풀이하는 모습을 거기서 흘러나오는 노래 제목과 가사로 그냥 풀어 버렸잖아요. 배철수 이야기가 진짜인지 궁금했고요.

성훈　　그게 재미있구나. 그건 디제이가 음악 틀듯이 하는 거라 쉬워요. 그걸 논리로 바꾸면 유비가 되는 거예요. 아날로지. 아날로그. 닮은 부분을 찾아서 연결하는 거. 어쩌다 보니 디제이를 마르고 닳도록 해서 노래 다음에 어울리는 노래가 떠오르는 건 자동이에요.

그 부분뿐만 아니라 책 곳곳에 여러 노래들을 박아 놓았어요. 온몸으로 느끼라고 음악가가 고생해서 만든 음악을 굳이 글자로 평가하는 글쓰기 말고 음악을 넉넉하게 즐길 수 있는 다른 방식의 글쓰기를 해 봤습니다.

음악캠프 이야기를 쓰게 될 줄 몰랐는데 책의 형식을 바꾸면서 자연스럽게 이야기가 자기 자리를 찾아 들어갔습니다. 진짜고 나름 연예계 데뷔였죠. 그 라디오 프로그램 시그널의 독특한 소리와 리듬을 글자로 맛깔나게 표현하는 것 때문에 고생을 했습니다. 몇 번을 썼다 지웠는지 모르겠습니다.

재홍　　리카 말대로 홍대는 사라졌지만 홍성훈 안에 흔적이 남아 있는 거잖아요.

성훈　　이 책 자체가 다 제 이야기로 채워졌죠. 만약 홍대 알바를 제가 객관화해서 그 특성을 뻔한 스테레오타입으로 나열했으면 저는 쏙 빠지는 건데. 제가 홍대에서 디제이로 살았던 때 공대 궤도 비틀어서 홍대에 처음 들어갈 때 이야기를 논리적으로 연결해 두었으니까 그 흔적들이 오히려 잃어버린 시간 되찾듯 알아서 잘 살아나서 독자들 땅에 씨를 뿌리겠죠.

편집자도 송재홍과 마찬가지로 홍성훈이 홍대 알바를 내려다보는 것 같은 그런 재수 없는 태도를 넘어서서 내가 홍대 알바인 상태에서 책을 쓰면 참 좋겠다 이런 의견을 계속 주셨죠. 저도 그걸 쿨하게 받아들이고 더 넉넉한 사람으로 한 단계 성장하는 계기로 이 책을 썼습니다. 홍대는 지금도 어쩔 수 없이 얽혀 있는데 그 커다란 홍대가 나 없다고 안 돌아가는 것도 아니고 홍대가 이러니까 나는 홍대 아닌 곳을 찾겠다 이런 시도는 더 이상 아무런 의미도 이윤도 없습니다. 그나마 조금 있는 실험적인 음악이 다른 동네에는 아예 없으니까 오히려 홍대 한복판에 홍대 알바들이 직접 소유하

는 땅을 개척해서 아주 그냥 제멋대로 날로 노
는 도시를 만들어 보는 것 정도만 이제 재미가
있겠습니다. 이미 씨는 뿌려 놓았고요.

날로 노는 홍대

1판 1쇄 찍음 2026년 4월 3일
1판 1쇄 펴냄 2026년 4월 17일

지은이 홍성훈
발행인 박근섭, 박상준
펴낸곳 (주)민음사

출판등록 1966. 5. 19. (제 16-490호)
서울특별시 강남구 도산대로1길 62(신사동)
강남출판문화센터 5층(우편번호 06027)
대표전화 02-515-2000
팩시밀리 02-515-2007
www.minumsa.com

978-89-374-9251-8 04300
978-89-374-9250-1 세트

잘못 만들어진 책은 구입처에서 교환해 드립니다.

이 저서는 2022년 대한민국 교육부와
한국연구재단의 지원을 받아 수행된 연구임
(NRF-2022S1A5B5A17045624).